Die Durchstarter

Günter Fritz

Die Durchstarter

So finden Sie Ihren Traumjob

Branchen, Berufe, Begabungen

Orac WIEN • MÜNCHEN • ZÜRICH

ISBN 3-7015-0361-3

Schutzumschlaggestaltung: Ernest Meyer, unter Verwendung eines Fotos der Agentur Buenos Dias, Wien
Lektorat: Sabine Wimmer
Satz: Zehetner Ges. m. b. H., A-2105 Oberrohrbach
Druck und Bindung: Wiener Verlag, Himberg bei Wien

Gedruckt auf chlorfrei gebleichtem Papier

Inhalt

Einleitung
Die Durchstarter

Wer heute beruflichen Erfolg haben will, hat es ungleich schwerer als Menschen, die noch vor zehn oder fünfzehn Jahren die Karriereleiter erklimmen wollten. Obwohl es der Menschheit insgesamt immer besser geht, steigt gleichzeitig die Zahl jener Menschen, die davon nicht viel abbekommen. In den sogenannten G7-Staaten (die sieben größten westlichen Industrienationen) gibt es 24 Millionen Arbeitslose sowie weitere vier Millionen, die es aufgrund chronischer Erfolglosigkeit aufgegeben haben, Arbeit zu suchen. Allein in der EU sind derzeit 18 Millionen Menschen ohne Job. Immer mehr Familien leben an oder unter der Armutsgrenze, die Zweidrittelgesellschaft ist längst zu einer bitteren Realität geworden.
Die Produktivität der meisten Unternehmen ist zwar beständig gestiegen, jedoch ohne positive Auswirkungen auf die Zahl der Arbeitsplätze. Wenn heute ein halbwegs attraktiver Job ausgeschrieben wird, so melden sich darauf in der Regel eine Vielzahl von Bewerbern. Das ist zwar schön für die Betriebe, die unter den Kandidaten so lange sieben können, bis sie den richtigen gefunden haben. Weniger schön jedoch für Berufsein- bzw. -umsteiger, die unter enormem Leistungsdruck stehen, vorausgesetzt, sie bekommen überhaupt eine Chance, sich präsentieren zu können.

In der Lebensmittelindustrie gehen die Uhren zwar etwas anders, denn da spielt der regionale Geschmack und das Vertrauen in bekannte Produkte eine große Rolle. Dennoch sind in den nächsten Jahren massive Strukturveränderungen und eine Reihe von Betriebsschließungen zu erwarten. Es werden wohl bis zu 15.000 von insgesamt 100.000 Arbeitsplätzen in Industrie und Gewerbe verlorengehen. Vor allem ehemalige Monopolbereiche wie Milch und Mühlen stehen diesbezüglich am meisten unter Druck.

MARTINA PECHER

Dennoch – auch oder gerade unter schwierigen wirtschaftlichen und gesellschaftlichen Rahmenbedingungen – zieht der berufliche Erfolg die meisten Menschen an, so wie das Licht die Motten. Nicht nur, weil er die Grundlage des ökonomischen Überlebens darstellt, sondern auch, weil er mit Geld, Macht, Ansehen und Selbstbewußtsein gleichzusetzen ist.
Obwohl der Durchschnittsbürger meist nur eine diffuse Vorstellung davon hat, trägt jeder die Anlagen für eine Karriere in sich. Er muß sich dessen nur bewußt sein und wissen, wie er sie nutzen kann. Mit Talent, einer guten Ausbildung, fachlichem Know-how, Willen und taktischem Gespür sowie nicht zuletzt sozialen und kommunikativen Fähigkeiten sollte nicht viel schiefgehen. Vieles, was man nicht als junger Mensch gelernt hat, läßt sich – die nötige Bereitschaft vorausgesetzt – im Laufe des Lebens noch aneignen. Eines sollte Ihnen jedoch klar sein: Eine überdurchschnittliche Karriere ist von einer Vielzahl von Faktoren abhängig, die wie bei einem Mosaik zusammenpassen müssen. Aber auch die Erfolgreichen kochen nur mit Wasser und greifen, wenn sie einmal nicht weiterwissen, gelegentlich zu kleinen Kniffen, die sie zurück auf die Überholspur bringen. Wenn auch ihre Aussagen zwingend nur für den jeweiligen Einzelfall gelten, können sie doch Anregung sein, sich manchen Dingen von einer bestimmten Warte aus zu nähern und darüber einmal abseits der ausgetretenen Pfade nachzudenken. Nicht jede Branche und jeder Beruf lassen sich mit anderen vergleichen, dennoch haben die interviewten Durchstarter höchst Wissenswertes aus der wirtschaftlichen Praxis zu berichten. Sie verfügen über spezielles Know-how, das unter Umständen entscheidende Einblicke hinter die Kulissen etablierter Unternehmen und einen Kick für die berufliche Laufbahn geben kann. Insbesondere kann der Leser aber lernen, wie man mit Konsequenz, Kreativität und Mut zum Risiko seine Ziele erreichen und auch unter schwierigen Bedingungen Karriere machen kann. Nur die wenigsten sind mit einem goldenen Löffel im Mund auf die Welt gekommen.

Europa wird sicherlich ein Kunstzentrum bleiben. Manche Dinge lassen sich nicht so einfach in andere Weltgegenden transferieren. Europa ist ein gewachsenes Kulturland mit viel Know-how und Experten-

wissen, aber die Arbeit ist hier mittlerweile viel zu teuer geworden. Die dritte Welt bietet obendrein riesige Absatzmärkte, auf denen noch enorme Booms zu erwarten sind. AGNES HUSSLEIN

Beispielhafte Karrieren

Ausführliche Interviews mit erfolgreichen Menschen, die in ihrem Leben viel mehr erreicht haben als die Masse ihrer Zeitgenossen, bilden daher auch die Basis für dieses Buch. Bereits früher habe ich mich ausführlich mit dem Thema auseinandergesetzt und intensive Gespräche mit den verschiedensten Unternehmern und Managern geführt. Für das vorliegende Buch wurden aber zusätzlich zwölf besonders interessante berufliche Durchstarter ausgewählt, die sich zwar vom jeweils eigenen Gesichtspunkt dem Thema genähert haben, aber dennoch bei sehr ähnlichen inhaltlichen Aussagen gelandet sind. Was nicht von ungefähr kommt: War es doch das Ziel der Interviews, allgemeine wirtschaftliche Entwicklungen einerseits und die individuellen Eigenschaften der Interviewpartner andererseits herauszufiltern, um festzustellen, welche Übereinstimmung es zwischen den Managern und Managerinnen gibt. Und dabei zu jener gemeinsamen Basis vorzudringen, die den jeweiligen Karrieren zugrunde liegt. Und es Berufsein- bzw. -umsteigern zu ermöglichen, daraus persönlichen Gewinn in Sachen Jobwahl, Ausbildung und Berufsein- bzw. -aufstieg zu ziehen.
Zu jenem Kreis wirklich Erfolgreicher, die auf den folgenden Seiten aus ihrem beruflichen Erfahrungsschatz erzählen und ihre Karrierestrategien preisgeben, gehören so bekannte Menschen wie der Wiener Paradegastronom Attila Dogudan, der ohne Unterstützung seines im selben Metier tätigen Vaters ein renommiertes Gastronomie- und Cateringimperium aufbaute und es schaffte, Qualität und Masse unter einen Hut zu bringen. Was ihm nicht nur die Besucher seines In-Restaurants, sondern auch der Formel-1-Zirkus und der Fluglinien-Eigner Niki Lauda (für das weltbeste Airline-Catering) danken. Oder Karlheinz Essl, der als Kind eines Kaufmanns immer schon in dessen Fußstapfen treten wollte, eine Reihe von Auslandsaufenthalten absolvierte, in den USA arbeitete, dort das Konzept der Supermärkte studierte und

schließlich eine profitable Baumarktkette mit 3.000 Mitarbeitern und einem Umsatz von mehr als zehn Milliarden Schilling (1,5 Milliarden DM) samt Auslandsniederlassungen in den östlichen Reformstaaten aufbaute.

Bei mir ist alles nur sehr zufällig passiert, ich wollte auch nie so weit vorausplanen. Im Leben kommt ohnehin vieles anders, als man es plant. Das, was das Leben eigentlich ausmacht, ist auch die Tatsache, mit Unerwartetem konfrontiert zu werden, es zu bewältigen und daraus zu lernen. Das Festlegen aller Details halte ich für eine wesentliche Einschränkung der Entfaltungsmöglichkeiten. Es würde auch voraussetzen, daß alles genau nach Plan funktioniert, was in der Regel aber nicht möglich ist und in vielen Fällen obendrein eine menschliche Zumutung wäre. GERTRAUD KNOLL

Ebenfalls mit dabei: Michael Grabner, der nach absolviertem Wirtschaftsstudium über die Markenartikel- den Aufstieg in der Medienbranche schaffte. Heute ist er Geschäftsführungsmitglied der Holtzbrinck-Verlagsgruppe, mitentscheidend über 9.200 Mitarbeiter und einen Umsatz von 19 Milliarden Schilling (2,7 Milliarden DM) und gilt als einer der profundesten Kenner der Szene. Auch Vera Russwurm hat einen klingenden Namen in der Medienbranche. Sie gilt als eine der beliebtesten Moderatorinnen Österreichs, ist auch im deutschen TV wohlbekannt, betreibt seit einiger Zeit eine eigene Produktionsfirma und ist gleichzeitig promovierte Medizinerin. Auch die weiteren im Buch vertretenen Frauen können sich sehen lassen: Elisabeth Gürtler, als Chefin des weltbekannten Hotel Sacher und Vizepräsidentin der Wirtschaftskammer Österreich eine der kompetentesten Fachfrauen des Landes. Oder Martina Pecher, die es in der von einem extrem harten Wettbewerb geprägten Nahrungsmittelbranche geschafft hat, sich in einer männerdominierten Umgebung zu behaupten und den Traditionsbetrieb unbeschadet durch die schwierige Zeit des EU-Beitritts zu manövrieren und dafür zur „Business-woman of the year“ gewählt wurde. Die renommierte Kunstexpertin Agnes Husslein wiederum hat aus purem Enthusiasmus die Österreich-Niederlassung von Sotheby's aufgebaut, dies trotz der Dop-

pelbelastung als Mutter zweier Kinder sehr erfolgreich geschafft und insgesamt für einen frischen Wind in ihrer leicht verstaubten Branche gesorgt. Auch Britta Steilmann hat, obwohl noch jung an Jahren, in der deutschen Textilbranche für Furore gesorgt. Nicht nur, indem sie in der familiären Unternehmensgruppe neue ökologisch verträgliche Produktlinien kreiert hat, sondern auch durch ihr gesellschaftspolitisches Engagement, das über die Grenzen hinweg aufhorchen läßt.
Während einige der Interviewten durch ihre Familien von Kindesbeinen an branchenmäßig vorbelastet waren und daher einen leichteren Einstieg ins Berufsleben hatten, sind andere wiederum einfach durch ureigenstes persönliches Interesse bei ihrem jetzigen Beruf gelandet. Beispielsweise Gertraud Knoll, die aus reiner Neugier Theologie studierte, es zur ersten Superintendentin der Evangelischen Kirche Österreichs brachte und sowohl vom ideellen Anspruch her als auch von ihrer Funktion zum Management einer Non-profit-Organisation viel zu sagen hat. Auf den Mund gefallen ist auch Helmut Pechlaner nicht: Der studierte Veterinärmediziner ist nicht nur ein anerkannter Tierexperte, sondern auch ein PR-Genie, dem es gelungen ist, aus einem imagemäßig schwer angeschlagenen Tiergarten Schönbrunn einen international vorbildlichen Zoo zu machen, der wieder Gewinne abwirft und als geglückter Sanierungsfall gilt. Auch der auf einem Kärntner Bauernhof aufgewachsene Chirurg Rudolf Schabus hat es aus eigenem Antrieb geschafft, ein führender Sportmediziner zu werden. Er ist heute Teamarzt des österreichischen Tennis-Davis-Cup-Teams, Leiter des einzigen sporttraumatologischen Institutes des Landes und brauchte nie lange zu überlegen, was er einmal werden wollte. Auch Günther Wöss ist es aus eigener Kraft, Engagement und dem Willen zur Weiterbildung gelungen, nach einer Gastronomielehre und Ausbildungsjahren bei einer internationalen Hotelkette zum Chef der 3.800 Mitarbeiter starken Unternehmensgruppe Wigast aufzusteigen, zur der unter anderem auch die Wienerwald-Kette gehört.

Künftig werden flexiblere Arbeitszeiten selbstverständlich sein. Das heißt, daß Arbeitnehmer auch einmal am Wochenende oder an Feiertagen Dienst haben werden, weil es der Betrieb so erfordert. Dafür

wird es dann einen freien Werktag unter der Woche geben. Das sind Gegebenheiten, auf die sich auch die Gewerkschaften einstellen werden müssen.
Grundsätzlich bin ich für unsere Wirtschaft aber optimistisch: Wir sind von der Hochkonjunktur lediglich so verwöhnt, daß wir an Flexibilität verloren haben. Deshalb sind Umstrukturierungsphasen einfach notwendig. HELMUT PECHLANER

Alle hier Genannten sind Persönlichkeiten mit einem großen Erfahrungsschatz, deren Erfolg nicht mit normalen Maßstäben zu messen ist und die deshalb auch so interessant sind. Sie haben es bis nach oben geschafft und wissen überdies auch noch genau, warum ihnen das gelungen ist. Was nicht nur heißt, daß ihre jeweilige Karriereplanung funktioniert hat. Sondern daß sich ihre Strategien in jenen Bereichen, in denen die Durchstarter dieselbe oder eine ähnliche Sicht der Dinge haben, von jedermann branchenübergreifend anwenden lassen. Der Versuch, diese Grundsätze zu übernehmen und den Interviewten nachzueifern, hat zumindest in Teilbereichen und speziellen Segmenten etwas für sich. Auch wenn es niemals eine Garantie für außergewöhnliche Berufslaufbahnen geben wird: Sie kommen Ihrem Traumjob damit zweifellos näher. Führen Sie sich die Tips der Durchstarter zu Gemüte, und holen Sie sich das Beste und Geeignetste für sich heraus.

Der persönliche Erfolgskurs

Auch der beruflich Erfolgreiche muß wachsam bleiben. Die Arbeitswelt verändert sich ständig, und ohne neue Konzepte stehen Sie bald am Ende Ihrer Karriere. Deshalb versucht dieses Buch Wege aufzuzeigen, die Einsteigern, Umsteigern und Aufsteigern zeigen sollen, was sie heute für eine erfolgreiche berufliche Laufbahn tun können.
Viele junge Menschen, die keinen geeigneten Job finden oder sich beruflich nicht so entwickeln, wie sie es sich ursprünglich vorgestellt haben, sind Opfer verfehlter Bildungspolitik. Germanisten, die mit ihrem Studium begannen, als der Staat nach Lehrern rief, stehen jetzt ohne Anstellung da. Denn als sie nach Jahren endlich

ihre Ausbildung beendet hatten, war die Nachfrage nach Deutschlehrern deutlich gesunken. Was in den achtziger Jahren hauptsächlich die Absolventen der geisteswissenschaftlichen Fakultäten traf, gilt heute für viele. Ärzte, Apotheker, Naturwissenschaftler, selbst Ingenieure werden von Berufsprognostikern herbeigeredet, um sich dann fünf bis zehn Jahre später als Akademikerschwemme mit unsicheren beruflichen Aussichten konfrontiert zu sehen. Das Auf und Ab der Berufskonjunktur, von Bildungsplanern zynisch als Schweinezyklus bezeichnet, ist für die Betroffenen alles andere als lustig.

> *Es gibt völlig unterschiedliche Wege, um in die Medienbranche einzusteigen, und es ist daher schwierig, allgemein gültige Ratschläge zu geben. Branche ist nicht gleich Branche: Entweder man beginnt im Print- oder im audiovisuellen Bereich. Entscheidet sich jemand beispielsweise für das Fernsehen, dann stellt sich die Frage: vor oder hinter der Kamera? Wenn er vor der Kamera agieren will, muß er ein Showtyp, ein Schauspieler oder ein Reporter sein. Zieht es ihn hinter die Kamera, dann gibt es wieder verschiedene Möglichkeiten: Er kann als Kameramann, Regisseur oder als Journalist tätig sein.*
>
> VERA RUSSWURM

Für Heranwachsende heißt das, nicht nur auf die Bildungspolitik zu vertrauen, sondern ihr Leben in die eigenen Hände zu nehmen und initiativ an ihrer beruflichen Laufbahn zu arbeiten. Da kein Student wissen kann, in welchem Zustand sich die Wirtschaft am Ende seines Studiums befindet, empfehlen Fachleute daher, das Studium oder die praktische Ausbildung nicht nach irgendwelchen Prognosen zu wählen, sondern nach den persönlichen Neigungen und Stärken. Weil die Halbwertszeit der einmal erworbenen Qualifikationen immer kürzer wird, ist es heute wichtiger denn je, Grundlagen zu lernen, auf denen sich flexibel aufbauen läßt. Und das Lernen als einen Prozeß zu erkennen, der sich durch das ganze Berufsleben zieht und nicht auf Studium und Ausbildung beschränkt bleibt. An fast jeder eindrucksvollen Karriere läßt sich erkennen, daß erfolgreiche Menschen sich beharrlich weiterbilden und Mehrfachqualifikationen erwerben.
Allerdings: Ohne den Aufwind einer Branche wird trotzdem kein

Höhenflug daraus. Auf welchen Berufsfeldern die Chancen von morgen warten, darauf geben die Arbeitsmarkt- und Berufsforscher nur zögernd und manchmal auch widersprüchlich Antwort. Einig sind sich die Experten allerdings, daß das Zeitalter der Dienstleistung unwiderruflich eingeläutet ist. Die hochentwikkelte industrielle Produktion wird immer abhängiger von sekundären Dienstleistungen wie Forschen, Entwickeln, Koordinieren, Beraten, Lehren und Betreuen. Eine Entwicklung, die immer stärker hohe Qualifikationen fordert und gleichzeitig vielfältige Hilfstätigkeiten aussondert.

Das Wichtigste in unserer Branche ist, eine gute Dienstleistung zu einem guten Preis-Leistungs-Verhältnis anbieten zu können. Originalität wird zunehmend gefragt sein, und „Abstaubergeschichten" werden aufhören. Das ist ganz einfach: Bevor ich unfreundlich bedient werde, mache ich mir meinen Kaffee lieber selbst.

ATTILA DOGUDAN

Dieser Strukturwandel in den Unternehmen bestimmt die berufliche Situation der einzelnen Mitarbeiter und wird sie in den kommenden Jahren noch weiter verändern. Unter dem Stichwort „Lean Management" forsten Planer die Großunternehmen durch. Effizienz ist das Ziel, und die gewünschte Abschlankung erfordert kleine Einheiten, Abbau von Hierarchien und das als Outsourcing bezeichnete Auslagern von Tätigkeiten. Die Folge: Auch hochqualifizierte und schon etablierte Kräfte müssen sich umstellen – oder sie verlieren den Job.

Auf der anderen Seite bieten sich große Chancen für Dienstleister und Freiberufler, die den Unternehmen zuarbeiten. Selbständige und verantwortliche Arbeitsweisen werden mehr als bisher gefordert sein. Moderne Kommunikationsmittel ermöglichen und schaffen den Arbeitsplatz zu Hause. Schon jetzt macht sich der Strukturwandel bemerkbar. Auch in vielen renommierten Großunternehmen ist der Arbeitsplatz nicht mehr sicher. Branchen, die heute noch als solide Arbeitgeber gelten, können morgen unter dem Druck des internationalen Wettbewerbs schon ganz anders agieren. Deshalb ist das Ziel dieses Buches: Manager und Unternehmer, die erfolgreich im Berufsleben stehen und ihre Branche wie ihre Westentasche kennen, geben Ausblicke in die Arbeitswelt von morgen.

Die Textilbranche wird weiter rückläufig sein. Es wird ein massives Outplacement stattfinden, dem rund 30 Prozent der derzeitigen Stellen zum Opfer fallen werden.
Produktionen in Billiglohn-Ländern sind langfristig ein zweischneidiges Schwert, weshalb in unseren Breiten über eine neue Art der Besteuerung nachgedacht werden muß.

BRITTA STEILMANN

Die wichtigsten Branchen

Countdown in die Zukunft

Die europäischen Industrieländer haben Grund zur Freude: Die Wirtschaft wächst weiterhin, wenn auch langsamer als gewohnt. Das Exportgeschäft funktioniert, weltweit sind die Waren „made in Europe" gefragter denn je, und viele große Unternehmen, die in den vergangenen Jahren abgeschlankt haben, sind wieder auf Gewinnkurs.

Gleichzeitig gibt es auch Grund zur Unruhe: Der Aufschwung geht zielsicher an den Arbeitslosen vorbei, an Millionen von ausgemusterten Arbeitswilligen, die Büro oder Fabrik nie mehr von innen sehen werden. Insgesamt entstehen derzeit kaum zusätzliche Jobs.

Die Konjunktur hat sich in eine eigenartige Richtung entwickelt: Bei den Profiten gibt es ein Plus, bei den Jobs ein Minus, und eine Trendumkehr ist nicht in Sicht. Die Ökonomen sprechen emotionslos von einem Wachstum ohne Arbeitsplätze. Die vielzitierte Zweidrittelgesellschaft ist längst schon Realität geworden: Das „untere" Drittel der Gesellschaft scheint bereits fest einzementiert, ohne Hoffnung auf eine bessere Zukunft. Die Zahl der Langzeitarbeitslosen hat sich seit 1980 verachtfacht und steigt weiter an. Selbst zwischenzeitliche wirtschaftliche Besserungstendenzen brachten den aus dem Produktionsprozeß Ausgeschlossenen keine Hilfe.

> *Wachsen werden vor allem die Dienstleistungs- und Kommunikationsbranche sowie alle Bereiche, die mit Freizeit und Unterhaltung zu tun haben. Am meisten wohl die Kommunikationsbranche, da alles immer globaler wird und à la longue das Wohnzimmer die Welt sein wird.*
> ATTILA DOGUDAN

Allein in Deutschland sind seit 1991 rund 1,2 Millionen industrielle Arbeitsplätze verlorengegangen. Ein Exodus, der sich weiter vorläufig ungebremst fortsetzen wird: In Österreich beispielsweise wird gerechnet, daß etwa in der Nahrungs- und Genußmittelindustrie nur die Hälfte aller Produktionsbetriebe die Jahrtausendwende überleben wird und im Zuge dieser Entwicklung bis zu 20.000 von derzeit 35.000 Arbeitsplätzen verlorengehen. Die Investoren und die geldgebenden Banken, in den meisten Großkonzernen im Aufsichtsrat vertreten, machen den Industriebetrieben gehörig Druck. Frei nach dem Motto: Produktionen, die am Hochlohn-Standort Westeuropa nicht zu verteidigen sind, sollen abgegeben werden.

Wie ein Lauffeuer hat der Trend zur Globalisierung die europäische Wirtschaft erfaßt. Unternehmen, die plötzlich keine Grenzen mehr kennen, die mittels On-line-Datenleitung ihre Fabriken rund um den Globus dirigieren, gehorchen anderen Gesetzen. Sie haben sich physisch und emotional von ihrem ursprünglichen Standort abgekoppelt.

Selbst nationale Vorzeigebetriebe sind längst auf diesen Zug aufgesprungen: Die deutsche Kfz-Industrie, deren Rationalisierungskurs in den neunziger Jahren rund 150.000 von 800.000 Arbeitsplätzen gekostet hat, befindet sich zwar wieder in einem Aufwärtstrend, neue Jobs sind aber keine zu erwarten. Denn die ehrgeizigen Wachstumspläne von VW, Mercedes und BMW basieren auf Produktionsstätten im Ausland. Neue Fabriken und Arbeitsplätze entstehen in den USA, in Brasilien, in Vietnam und in China.

Doch das ist erst der Anfang, folgen doch die Lieferanten den Herstellern. Sie errichten ihre neuen Fabriken ebenfalls im Ausland. Nicht nur, weil die Kosten dort geringer sind, sondern auch, weil der Kfz-Industrie daran gelegen ist, ihre Zulieferer in geographischer Nähe zu haben. Fazit: Patriotismus ist mittlerweile ein teurer Kostenfaktor geworden, den sich nur mehr wenige leisten können oder wollen.

Die Wirtschaftssysteme der westlichen Industrieländer sind unter den Bedingungen globalisierter Märkte immer weniger in der Lage, einen hohen Beschäftigungsstand zu gewährleisten. Die Arbeitsstunde in Singapur, Südkorea und Taiwan kostet nur zwischen 50 und 70 Schilling (7,50 und 10 Mark). Und in den hochentwickelten europäischen Industrienationen, wo die Arbeitgeber die Rekordsumme von fast 350 Schilling (50 Mark) pro Kopf und Stunde zahlen müssen, erschweren bürokratische Regelungen das Wirtschaften zusätzlich.

Dienstleistungen boomen

Dienstleistungen sind gefragt – nicht nur rund um den Computer. Während die Industrie Hunderttausende von Jobs abbaut oder ins Ausland verlagert, legt die Servicebranche enorm zu. Seit 1960 schufen die Dienstleister beispielsweise in Deutschland 7,5 Millionen Arbeitsplätze, der Anteil der Anwälte, Architekten, Kellner oder Fahrradboten an der Gesamtbeschäftigung stieg von 38 auf 56,5 Prozent.
Verkäufer, Marktforscher oder Versicherungsvertreter tragen immer mehr zum Wohlstand bei. Mitte der siebziger Jahre waren es 22 Prozent vom Bruttoinlandsprodukt, im Jahr 1995 36 Prozent. Tendenz steigend: Während die Wirtschaft um gut zwei Prozent wächst, legen die Dienstleistungen ums Doppelte zu. In Ländern wie Holland oder Kanada bewegt sich der Anteil der Beschäftigten, die im Servicegewerbe tätig sind, bereits auf 80 Prozent zu.
Millionen von Jobs, so sind Unternehmensberater überzeugt, könnten die Dienstleister in den nächsten Jahren schaffen. Führende Wirtschaftszeitungen sehen im Servicegewerbe den Beschäftigungsmotor von morgen.

> *Alles, was mit Kommunikation zu tun hat – von der EDV bis zur Logistik –, gehört zu den großen Themen der Zukunft, ebenso wie alle Bereiche, die mit Kultur und aktiver Freizeitgestaltung zu tun haben. Rückläufig werden dagegen alle jene Branchen sein, die zuwenig auf genau definierte Zielgruppen fokussiert sind. Gemischtwarenhandlungen haben in Zeiten fortgeschrittener Spezialisierung nur wenig Chancen.* KARLHEINZ ESSL

Der deutschsprachige Raum hat diesbezüglich einen enormen Aufholbedarf: Der Kunde ist Bittsteller, nicht König. Konsumenten beklagen die mangelnde Hilfsbereitschaft des Personals. 72 Prozent halten es für zu unfreundlich.

In den USA, dem Mutterland der Dienstleister, ist das anders. Dort steht hinter jeder Supermarktkasse ein zweiter Mitarbeiter, der Toast und Cola in Tüten packt. Und Pizzadienste waren dort längst etabliert, als die Idee Anfang der achtziger Jahre nach Europa importiert wurde. Mittlerweile lebt auch hierzulande eine ganze Branche davon.

Tausende Unternehmen liefern Chop-Suey, Tacos oder Pasta ins Haus, pfiffige Dienste haben sich auf die Erfüllung von Sonderwünschen spezialisiert.

Auch klassische Industrieunternehmen haben das Geschäft mit dem Service längst entdeckt. Nur jeder dritte, der im produzierenden Gewerbe tätig ist, stellt noch etwas her. Zwei Drittel warten Maschinen, packen Pakete oder entwerfen Blaupausen. Ehemals reine Stahlproduzenten erwirtschaften ein Drittel ihres Betriebsergebnisses mit Mobilfunkdiensten, Chemie- und Energiekonzerne betreiben große Wachdienste und bieten Privatpolizisten für U- und S-Bahn-Patrouillen an. Vor allem die politisch Verantwortlichen stilisieren Service zum Geschäft der Zukunft – und zum Hoffnungsträger für Europa – hoch. Besonders angesichts von Millionen Arbeitslosen: Entweder finden diese Menschen im Dienstleistungsbereich Arbeit, oder sie müssen jahrelang als Arbeitslose, Sozialhilfeempfänger oder Frührentner erhalten werden.

Die 20 wichtigsten Branchen

Autohandel und Fahrzeugindustrie: Der EU-Beitritt und das ausgesprochen dichte Vertriebsnetz haben in Österreich einen beinharten Verdrängungswettbewerb ausgelöst. Die Rabattschlacht freut zwar die Kunden, kleine Kfz-Betriebe dagegen weniger. Nach Kammer-Angaben schrieben etwa in Österreich im Jahr des EU-Beitritts rund 70 Prozent der Betriebe rote Zahlen. In den nächsten fünf Jahren werden bis zu 20 Prozent der 5.000 Autohändler zusperren müssen. Etwa zehn Prozent der Arbeitsplätze im Autohandel sind gefährdet. Anders dagegen die Situation bei den Kfz-Herstellern. Die Rezession ist überwunden, Umsatzzuwächse stehen wieder an der Tagesordnung. So erwirtschaften etwa die deutschen Autoproduzenten nach Rekordverlusten zur Zeit wieder Gewinn. Mercedes war mit einem Überschuß von rund

2,5 Milliarden Mark zuletzt sogar die profitabelste Autofirma Europas. Während die einst so mächtigen Mitbewerber aus Japan mit Auftragsrückgängen konfrontiert und mit Krisenmanagement beschäftigt sind, gehen die Deutschen in die Offensive. Die Produktion soll bis zur Jahrtausendwende um 50 bis 100 Prozent erhöht werden.
Sollten allein China und Indien im Jahr 2020 auf dem wirtschaftlichen Niveau Italiens der sechziger Jahre sein, wird es statt heute 400 Millionen Autos weltweit eine Milliarde geben.
Davon profitieren auch die Subunternehmen: So hält sich die österreichische Zulieferindustrie trotz der immer stärker werdenden Konkurrenz aus dem Osten nach wie vor hervorragend. In den dortigen Motorenwerken werden die Kapazitäten weiter ausgebaut, die Aufträge in Milliardenhöhe sind längerfristig abgesichert. Dennoch: Weil die großen europäischen Autoproduzenten immer mehr zu Global Playern werden, müssen auch die Zulieferer internationalisieren und den Herstellern ins Ausland folgen.

> *Die großen lohnintensiven Industriebranchen werden aus dem zentraleuropäischen Raum abwandern. Gute Chancen sehe ich für die Dienstleistungs- und Computerbranche sowie für die Medien- und Freizeitindustrie. Alles, was mit Dienstleistung und High-Tech zu tun hat, wird sich entwickeln.* MICHAEL GRABNER

Banken: Auch der Kreditwirtschaft bläst scharfer Wind entgegen: Durch die verstärkte Konkurrenz von internationalen Banken und Finanzdienstleistern wird die Kreditwirtschaft weiter zu Effizienzsteigerungen und Kostenreduktionen gezwungen werden. Trends wie Electronic- oder Telefonbanking sorgen dafür, daß herkömmliche Institute mit einer Vielzahl von Mitarbeitern bald der Vergangenheit angehören werden. Zehntausende Arbeitsplätze stehen auf dem Spiel.
Hohe Wertberichtigungen und Vorsorgeerfordernisse, verursacht durch Insolvenzen von Großbetrieben und mißglückte Spekulationsgeschäfte, haben den Ertragsdruck auf die Banken zusätzlich gesteigert. Besonders in Österreich, wo die Zinsspanne zwischen Einlage- und Kreditgeschäft rund um ein Prozent niedriger ist als

in Deutschland. Zwischen den heimischen Instituten tobt der Kampf um Marktanteile. Mit mehr als 5.700 Filialen hat Österreich die höchste Bankplatzdichte Europas.
Unter den zehn größten Banken der Welt finden sich fast ausschließlich japanische Institute, als Nummer 1 der Gigant, der aus der Fusion der Bank of Tokyo und der Mitsubishi Bank entstanden ist. Um gegen diese finanzielle Übermacht bestehen zu können, sind auch die europäischen Kreditinstitute gezwungen, zu wachsen und Kooperationen einzugehen. Die Übernahme eines 45-Prozent-Paketes der österreichischen Gewerkschaftsbank Bawag durch die Bayerische Landesbank ist da nur ein bescheidener Anfang. Die größten Bank-Deals stehen aber erst bevor.

Bauwirtschaft: Die Bauwirtschaft kämpft mit tiefgehenden strukturellen Problemen. Überkapazitäten und zu hohe Baukosten haben eine Spirale in Gang gesetzt, die steil nach unten zeigt. Die Umsätze schrumpfen, Tausende Arbeitsplätze sind aufgrund zahlreicher Pleiten in den letzten Monaten verlorengegangen, weitere zehn Prozent der am Bau Beschäftigten könnten während der nächsten eineinhalb Jahre ihren Job verlieren. Die Kürzung der Infrastrukturmaßnahmen der öffentlichen Hand trifft die Baubranche am härtesten und wird auch in Zukunft kaum ausreichend revidiert werden können. Besonders betroffen ist der Tiefbau, der von den öffentlichen Aufträgen abhängt – hier schlagen die Sparbudgets voll zu. Bei international ausgeschriebenen Großprojekten ist die Konkurrenz besonders groß. Für den Wirtschaftsbau erwarten die Experten dagegen ab 1998 wieder eine Belebung.

> *Der Kunstmarkt wird sich auch weiterhin positiv entwickeln: Erstens, weil die Menschen immer stärker Sachwerte als Anlagealternative entdecken, und zweitens, weil auch in den südasiatischen Boomländern das Interesse daran spürbar zunimmt.*
>
> AGNES HUSSLEIN

Chemie: Die Chemieindustrie kam 1994 wieder auf Touren. Nachdem die Branche zu den größten Verlierern der europaweiten Rezession Anfang der neunziger Jahre zählte und hintereinander vier Jahre mit Umsatzrückgängen leben mußte, legten PCD,

Hoechst und BASF im Vorjahr wieder zu. Ein ähnliches Bild bietet auch die Pharmaindustrie.
In innovativen Industrien mit Zukunft wie etwa der Pharma- oder Gentechnologie ist Österreich weitgehend abgemeldet – ein importabhängiges Entwicklungsland, dessen Einfuhren stetig zunehmen.
Die gegenüber Umweltsündern aller Art sensible Öffentlichkeit zwingt die Branche überdies in eine Kostenschere, der kaum entkommen werden kann. Ein tiefgreifender Strukturprozeß steht bevor. Während die Produktion von Low-Tech-Produkten wie Autoreifen, Zellulose oder Kunststoff-Haushaltsartikeln hohe Investitionen in Umweltschutzanlagen fordert, verfallen die Preise. Anbieter aus der dritten Welt setzen auf Preisdumping und überschütten den Weltmarkt mit billigen Konkurrenzartikeln – ohne Umweltskrupel. Die harte Währung erschwert das Exportgeschäft zusätzlich.
Die einzige erfolgversprechende Strategie: internationale Kooperationen und Produktinnovationen dank verstärkter Forschung und Entwicklung.

EDV: Weltweit wurden zuletzt rund 50 Millionen PC erzeugt. In den westlichen Industrieländern steht beinahe bereits in jedem dritten Haushalt ein Computer. Ohne EDV wird in Zukunft gar nichts mehr gehen, die goldenen Zeiten sind aber trotzdem – besonders bei den Hardware-Herstellern – vorbei. Besonders hart verläuft der Wettbewerb bei den PC-Händlern.
Relativ gut liegt dagegen noch der Bereich Software und EDV-Dienstleistung. Bei den meisten großen EDV-Firmen kommt bereits rund die Hälfte des Umsatzes aus diesem Geschäftsbereich. Rasch zunehmende Computervernetzung im und zwischen Unternehmen sowie übers Internet, neue Informationsdienstleistungen wie On-line-Datenbanken und -Dienste oder der Trend zur Auslagerung der EDV versprechen weiteres Wachstumspotential. Nach Expertenmeinung soll der EDV-Dienstleistungssektor bereits 1997 ein Volumen von insgesamt 1.200 Milliarden Schilling ausmachen.
Vor allem im Haushalts- und Small-Office-Bereich wird der PC-Absatz weiterhin stark steigen, der Lebenszyklus der Produkte

wird immer kürzer und liegt nur noch bei einem halben Jahr. Informationstechnologien wie Internet & Co eröffnen für EDV-Dienstleistungen zusätzliche Märkte und Chancen für neue Jobs. Der Computer wird dadurch endgültig von einem High-Tech- zu einem Massenprodukt

Elektrotechnik und Elektronik: Die Wirtschaftsforscher versprechen sich von der Elektroindustrie starke Wachstumsimpulse für die Entwicklung der weltweiten Konjunktur. Die Elektrobranche gilt als Schlüsselindustrie, die die Zukunft der Welt weitgehend mitbestimmt. Es geht um die logistische Vernetzung mit einer Kommunikations-Infrastruktur, die vielschichtig und komplex wie nie zuvor jede nur erdenkliche Funktion – vom Datenhighway bis zur Just-in-time-Produktion – erfüllen soll.
Im Schatten der multinationalen Elektrogiganten finden regionale Spezialisten für technische Lösungen – vom 3-D-Ultraschallgerät bis zum elektronischen Autobahn-Leitsystem – zahlreiche Marktnischen mit hervorragenden Entwicklungschancen. Die Herstellung einfacher Massenprodukte wird in Hochpreisländern aber unrentabel.
Trotz kontinuierlicher Umsatzsteigerungen macht die schwache Ertragslage den Unternehmen immer noch zu schaffen. Dumpingpreise bei Unterhaltungselektronik oder Haushaltsgeräten drücken auf die Spannen. Durch verstärkte Rationalisierungsmaßnahmen und weiteren Ausbau der elektronischen Kommunikationsmittel wollen die Unternehmen wieder in die Gewinnzone kommen. Bei einer überdurchschnittlichen Gehaltssituation ist deshalb auch kaum mit zusätzlichen Jobs zu rechnen.

Energieversorgung: Weil Europas gemeinsamer Markt wirtschaftliche Chancengleichheit fordert und deshalb nationale Monopole fallen, werden sich die Kräftverhältnisse unter den Stromlieferanten entscheidend verschieben. Unternehmen und auch Haushalte dürfen sich zumindest theoretisch schon bald den billigsten Stromlieferanten aussuchen, den sie in Europa finden können.
Die logistische Öffnung der nationalen Strommärkte kann jedoch nur im Einvernehmen mit den lokal etablierten Stromnetzbesitzern funktionieren. Weshalb es durchaus zur Gründung neuer

Stromverteiler-Organisationen kommen kann, die künftig die Energielieferungen innerhalb des Landes und alle Import-Export-Aufträge abwickeln werden.
Insgesamt stagniert der Stromverbrauch jedoch, die Energiewirtschaft befindet sich daher auf der Suche nach neuen Geschäftsfeldern – beispielsweise in der Telekommunikation oder der Entsorgungswirtschaft.

Die Datenverarbeitung wird auch künftig eine der wesentlichen Wachstumsbranchen darstellen. Wichtig wird auch sein, daß ökologische Perspektiven in der Wirtschaft als grenzüberschreitende Aufgabe erkannt werden und künftig in dieser Hinsicht mehr passiert als das bloße Abhalten von Konferenzen. GERTRAUD KNOLL

Grundstoffindustrie: Die mitteleuropäische Grundstoffindustrie war jahrelang geprägt von verstaatlichten Unternehmen, die sich zunehmend in Verlustzonen festgefahren hatten. Nach umfangreichem Personalabbau, nach Betriebsschließungen und Privatisierungen schreiben die Grundstoffunternehmen wieder Gewinne. Dennoch sind die Zukunftsaussichten ziemlich ambivalent: Die Kernbereiche der Industrie sind sehr kapitalintensiv, Umweltauflagen und neue Anlagen erfordern hohe Investitionen. Viele Unternehmen lagern Produktionsstätten in die Reformstaaten des ehemaligen Ostblocks oder in Billiglohn-Länder in der dritten Welt aus.

Der High-Tech-Bereich und Branchen mit intelligenten Produkten werden jedenfalls wachsen. Technologien, die leicht kopiert werden können, werden es künftig dagegen ziemlich schwer haben, weil immer mehr Billiglohn-Länder dort einsteigen werden, China wird beispielsweise stark aufholen. MARTINA PECHER

Gastronomie und Fremdenverkehr: In der Gastronomie sind auch weiterhin schöne Umsätze zu erwarten. Auch in schlechten Zeiten muß der Mensch essen und trinken. Der Trend geht allerdings in Richtung Systemgastronomie: Schnelle Standardmenüs wie bei McDonald's oder Wienerwald bringen hohe Gewinne. Ebenso wie In-Lokale, die von einer genau definierten Zielgruppe und ei-

nem bestimmten Konzept leben. Das normale Wirtshaus an der Ecke hat dagegen weniger gute Zukunftsaussichten.
Ähnlich die Situation im Fremdenverkehr: Chancen bietet vor allem der Qualitätstourismus mit individuellen Angeboten für einzelne Zielgruppen, vom Abenteuer- bis zum Gesundheitsurlaub. Kleine Anbieter und Hoteliers, die auf der Massenschiene mitfahren, haben dagegen kaum eine Chance. Zu groß ist die Konkurrenz durch weltweite Billigflüge zu wettersicheren und preislich attraktiven Destinationen.
Die Reisebüros sind dennoch mit harten Zeiten konfrontiert: Hohe Rabatte, geringe Margen und vielfältige Konkurrenz sorgen für Unruhe.
Selbst Branchenriesen sehen sich mit Rationalisierungs- und Einsparungsmaßnahmen konfrontiert. Die Zahl der Reisenden nimmt zwar zu, aber durch die Billigangebote können die Reisebüros den Umsatz nur schwer halten.

Gewerbe und Handwerk: Gute Chancen bieten sich für Unternehmen, denen es gelingt, ihren Dienstleistungsanspruch zu unterstreichen. Bestimmte Berufsgruppen wie Installateure können sich schon jetzt nicht über mangelnde Aufträge beklagen, selbst dann, wenn sie den Dienst am Kunden noch immer nicht entdeckt haben. Betriebe, die den steigenden Wunsch nach individueller Betreuung und qualitativ erstklassiger Leistung erfüllen, brauchen sich keine Zukunftssorgen zu machen.
Auch im Bereich der persönlichen Dienstleistungen werden in naher Zukunft eine Vielzahl neuer Arbeitsplätze entstehen. Die Bevölkerung wird insgesamt immer reicher und will sich zunehmend entlasten lassen. In den USA ist der Anteil der Dienstleistungsjobs doppelt so hoch wie in Europa. Einziger Nachteil: Derartige Arbeiten werden in der Regel mehr schlecht als recht bezahlt.

Gesundheit: Dem europäischen Gesundheitssystem steht eine tiefgreifende Wende bevor. Explodierende Spitalskosten und finanziell überforderte Krankenkassen bereiten privaten Klinikbetreibern und Investoren den Boden. Noch nie wurde insgesamt so viel Geld für die Gesundheit ausgegeben, die Menschen werden

immer älter, die Behandlungsmethoden immer besser und gleichzeitig auch teurer.
Der Bedarf wird auch weiterhin gegeben sein und sowohl Fachleuten klassischen Zuschnitts als auch sozialen Dienstleistern ein umfangreiches Betätigungsfeld eröffnen. Von der vorsorgeorientierten Gesundheitsberatung über Pflege- und individuelle Betreuungsdienste bis hin zu Spezialkliniken für einzelne Fachgebiete.

Handel: Die Branche ist dominiert von Handelsketten und Kaufhausriesen, die den Markt weitgehend bestimmen. Seit der Fusion von Metro, Kaufhof und Asko gibt es in Deutschland einen der mächtigsten Handelskonzerne der Welt. Der österreichische Handel ist dagegen weitgehend in der „Steinzeit" steckengeblieben. Vorreiter wie Billa und Spar sind löbliche Ausnahmen, haben im internationalen Konzert aber kaum mitzuspielen. Der Lebensmittelhandel stöhnt. Mit Ausnahme des Möbel-, Elektro- und Lebensmittelhandels steht die Branche – insbesondere der Textil- und Parfümeriehandel – noch vor einer umfangreichen Strukturbereinigung. Weil im Einzelhandel weitgehend eine professionelle Betriebsführung fehlt, ist er der Konkurrenz der großen Ketten hilflos ausgeliefert. Verkäufe unter dem Einstandspreis und Lockangebote gehören immer mehr zum Branchenalltag, allein in Österreich müssen pro Jahr rund 1.000 kleine Einzelhändler zusperren. Gute Chancen bietet dagegen der boomende Bereich von Franchisesystemen, wo Einsteiger im Austausch gegen geringere Erträge Know-how-Unterstützung und bekannte Markennamen erhalten.

Maschinenbau: Die europäische Führungsrolle im Maschinenbau ist durch die asiatische und amerikanische Konkurrenz bedroht. Darüber hinaus macht sich auch die immer stärker werdende Konkurrenz aus Osteuropa deutlich bemerkbar. Die schwache Baukonjunktur macht besonders den baunahen Zweigen der Branche zu schaffen, und die Hartwährungspolitik erschwert den Export.
Zwischen 1991 und 1993 verringerte sich der Produktionswert von rund 3.000 auf 2.800 Milliarden Schilling, was jedoch immer noch acht Prozent der gesamten EU-Industrieproduktion ent-

spricht. Die Zahl der Beschäftigten sank von 2,7 auf 2,3 Millionen. Dennoch ist der EU-Maschinenbau mit einem Anteil von gut einem Drittel an der Gesamtproduktion immer noch weltweit führend. Ein Maßnahmenpaket der EU soll der Branche im Kampf gegen die Konkurrenz aus Asien und Amerika helfen. Besonderes Augenmerk gilt dabei der Unterstützung der Klein- und Mittelbetriebe bis zu 500 Mitarbeiter, vor allem im Bereich der Finanzierungsbeschaffung und der Forschungs- und Entwicklungsarbeit. Immerhin haben 82 Prozent der insgesamt 120.000 Betriebe weniger als zwanzig Beschäftigte. Beste Berufsaussichten gibt es für hochspezialisierte Berufe im Bereich zwischen Mechanik und Elektronik.

> *Der Dienstleistungssektor wird an Bedeutung gewinnen, weil die individuelle Betreuung zunehmen wird. Der einzelne will seine Bedürfnisse stärker ausleben und sich nicht ständig reglementieren lassen. Niemand will für Routineleistungen Geld ausgeben – das ist auch das Erfolgsgeheimnis unseres Unternehmens.*
>
> HELMUT PECHLANER

Medien und Werbung: Aus der Industrie- wird eine Dienstleistungs- und Kommunikationsgesellschaft, wobei ein bedeutender Zukunftsmarkt für die Medienwirtschaft entsteht. Deshalb investieren schon heute große Verlage in neue elektronische Medien wie On-line-Dienste oder digitales Fernsehen. Damit legen sie die Basis für weiteres Wachstum und künftige Arbeitsplätze. Die gewinnstarken Stammgeschäfte Buch und Presse dürften weiter ihr hohes Niveau halten.

Private Radio- und Fernsehstationen sowie zielgruppenorientierte Printmedien schießen nach wie vor wie Pilze aus dem Boden, Kommunikationsberufe wie Journalisten, PR-Berater oder Werbetexter haben gute Zukunftsaussichten. Rund um den boomenden Multimediabereich entsteht eine Vielzahl neuer Berufe.

Parallel dazu nehmen auch die Werbeausgaben nach wie vor zu – die Zahl der Werbeagenturen auch. Allein in Österreich sind inklusive freier Mitarbeiter rund 10.000 kreative Köpfe in der Werbung beschäftigt. Mehr als 1.000 Agenturen kämpfen um 15 Milliarden klassische Werbeetats und noch einmal soviel an Folgegeschaften. Die größten zehn der 1 000 Werber machen jedoch rund ein Drittel des gesamten Umsatzes. Die Gewinne der als schrill verrufenen und durchaus auf großem Fuß lebenden Branche sind ein gutgehütetes Geheimnis – auch weil die Auftraggeber immer knapper kalkulieren und das Werbegeschäft immer härter wird. Für Spezialisten, herausragende Kreative und extrovertierte Profis gibt es aber weiterhin blendende und hochbezahlte Zukunftsperspektiven.

Mineralölindustrie: Einigen europäischen Raffinerien wird es in den nächsten Jahren an den Kragen gehen. Grund dafür sind in erster Linie die verschärften Umweltauflagen. Die dafür notwendigen Investitionen werden einige Raffinerien von der Bildfläche verschwinden lassen.
Im Raffineriegeschäft sind in den vergangenen zehn Jahren schlechte Margen erzielt worden, weil die Preise von der europaweiten Überkapazität gedrückt wurden. In den kommenden Jahren dürfte sich die Entwicklung allerdings wieder verbessern, da es vor allem für Diesel und Flugbenzin eine steigende Nachfrage geben wird.
Die Experten rechnen in den kommenden Jahren mit einem verstärkten Einsatz alternativer Energieträger wie mittels Biomasse gewonnener Gaserzeugung, Windenergie oder Solarstrom.
Das Wachstum in den Entwicklungsländern erhöht deren Energiebedarf.

Die Telekommunikationsbranche wird mit Sicherheit am meisten wachsen, Multimediaanwendungen werden stark zunehmen: So wird beispielsweise künftig viel von zu Hause aus bestellt werden können. Produkte, die sozioökonomische Verantwortung widerspiegeln – sogenannte „moral plus“-Produkte –, werden ebenfalls stärker nachgefragt werden. Rückläufig wird sich dagegen die Grundstoffindustrie entwickeln – ebenso alle Bereiche mit überholten Strukturen wie z. B. der stationäre Handel. BRITTA STEILMANN

Nahrungs- und Genußmittelindustrie: Die von den hochindustrialisierten europäischen Agrar- und Lebensmittelfabriken diktierten Niedrigpreise haben sowohl die Landwirtschaft als auch die Nah-

rungsmittelproduzenten enorm unter Druck gebracht. Von den Bierbrauern bis zu den Fertiggerichteerzeugern stöhnt die Branche über den verschärften Wettbewerb, der die Gewinne auffrißt und das Überleben immer schwerer macht. Allein in Österreich werden nur 50 Prozent der derzeit existierenden Industriebetriebe die Jahrtausendwende erleben. Bis zu 20.000 von momentan 35.000 Arbeitsplätzen gelten als gefährdet.
Auch dem Gewerbe geht es alles andere als gut: Bäckereien und Fleischereien haben es schwer, sich gegen die Konkurrenz von Handel und internationalen Konzernen zu behaupten. Die einzige Chance ist die Konzentration auf regionale Qualitätsprodukte aus ökologisch einwandfreien und gesundheitlich unbedenklichen Grundstoffen.

Papierindustrie: Eine Handvoll mächtiger Konzerne beherrscht Europas Papierindustrie, wo rund 280.000 Beschäftigte 66 Millionen Tonnen Papier, ein Viertel des weltweiten Verbrauchs, erzeugen.
Den scharfen Konzentrationsprozeß der europäischen Papierindustrie hat Österreich schon hinter sich. Von den sechzig österreichischen Papierfabriken, die es nach dem Krieg noch gab, überlebten nur zwei Dutzend. Zwei große österreichische Konzerne mischen am Weltmarkt gehörig mit. Zwar befinden sich die Unternehmen derzeit generell in einer ausgesprochenen Hochphase, da enorme Preisanstiege für hohe Gewinne und einen Investitionsboom sorgten. Das nächste Tief der von extremen Preissprüngen gekennzeichneten Branche ist aber bereits vorprogrammiert. Experten rechnen mit einem Niedergang der Preise ab 1997. Die jüngsten Milliardeninvestitionen haben zu enormen Überkapazitäten geführt.

Textilindustrie: Die Ursachen für die Probleme der Hersteller aus den europäischen Hartwährungsländern sind seit Jahrzehnten dieselben: Ausländische Billiganbieter reüssieren mit Dumpingpreisen, und eine tendenziell sinkende Nachfrage bei steigendem Angebot senkt zusätzlich die Spannen. Jahrelang sperrte ein Betrieb nach dem anderen zu, weil die Produktion durch die asiatische und osteuropäische Konkurrenz hierzulande nicht mehr protitabel zu führen war. Innovativen Firmen, die auf die Einzigartigkeit und Qualität ihrer Textilien setzten, gelang es jedoch in jüngster Vergangenheit, diese wenig erfreuliche Entwicklung zu stoppen. Da die Hersteller aus Dritte-Welt-Ländern, wo die Lohnkosten verschwindend gering und selbst Kinder im Produktionsprozeß integriert sind, heute bereits häufig selbst ihre Ware exportieren, ist eine zielgruppenorientierte Qualitätsstrategie auch weiterhin der einzige Weg, der Überlebenschancen eröffnet. Die Europäer müssen sich auf ihre Stärken besinnen und mit exklusiven Produkten der importierten Massenware entgegentreten.

Wachstumsmöglichkeiten sehe ich bei industriellen Unternehmen und in der Dienstleistungsbranche. In meiner Branche gehört die Zukunft der Systemgastronomie – in diesem Bereich herrscht mehr Professionalität. Insgesamt wird es zwar mehr Jobs geben, aber weniger Familienbetriebe. 78 Prozent aller Betriebsstätten haben einen Jahresumsatz von unter einer Million Schilling – das sind im Grunde genommen alles Glücksritter. GÜNTHER WÖSS

Versicherungen: In Europa sind rund 4.800 Assekuranzen mit 800.000 Mitarbeitern tätig, die länderübergreifend um das lukrative Geschäft mit Lebens-, Kranken- und Sachversicherungen buhlen. Der Anteil ausländischer Versicherer auf den nationalen Märkten liegt europaweit bei rund 20 Prozent. Insgesamt hat die Branche durchwegs wenig Grund zur Klage.

Auch bei ihnen gilt, daß nicht die Großen die Kleinen, sondern die Schnellen die Langsamen fressen. Gewinnen wird, wem es gelingt, innovative Produkte rasch einzuführen. Voraussetzung dafür ist allerdings eine flexible Organisation der Datenverarbeitung. Aufwendige Hierarchien, komplizierte Arbeitsvorgänge und EDV-Systeme, die mühsam mit riesigen Datenmengen gefüttert werden müssen, sind out. Die Anzahl der Innendienstmitarbeiter nimmt beharrlich ab.

Vor allem kleinere Gesellschaften haben den neuen Herausforderungen bereits Rechnung getragen. Altgediente Vorstände wurden ausgetauscht, und die Außendienstmitarbeiter wurden mit Notebooks ausgerüstet, die es ermöglichen, die Geschäftsfälle gleich beim Kunden zu finalisieren.

Gleichzeitig werden aus Kostengründen Versicherungspolizzen immer häufiger am Bankschalter verkauft. In Frankreich beispielsweise liegen die Vertriebs- und Verwaltungskosten der am effizientesten wirtschaftenden Gesellschaften, durchwegs Bankentöchter, unter sechs Prozent.
Da eine schlechte Selektion von Risken oder zu hohe Kosten auch die Existenz großer Versicherungen in Frage stellen können, ist auch weiterhin Reorganisationsdruck angesagt. Mittelfristig werden nur jene Assekuranzen erfolgreich sein, denen es gelingt, mit 20 Prozent weniger Mitarbeitern, zehn Prozent mehr Geschäft und 30 Prozent weniger Vertragsstornos auszukommen. Dennoch sind die Aussichten für die Branche, insbesondere auch für unabhängige Versicherungsmakler, gut: Die Diskussion über die Finanzierbarkeit der Pensionen fördert das Geschäft mit Lebensversicherungen ebenso wie die steigenden Gesundheitskosten Krankenversicherungen fast unverzichtbar machen. Auch Sachversicherungen sind ein weitgehendes Muß.

Zukunftsmärkte

Gentechnik: Ein Zukunftsmarkt mit riesigem Potential ist die Gentechnik. Allerdings: Nur rund 400 Firmen gibt es in ganz Europa, keine mit mehr als 300 Mitarbeitern. Insgesamt besitzen die europäischen Genfirmen einen Marktwert von lediglich rund 15 bis 20 Milliarden Schilling (zwei bis drei Milliarden DM). In den USA dagegen herrscht Aufbruchsstimmung: 1.300 Firmen sind dort in den vergangenen Jahren entstanden, deren Marktwert mehr als 310 Milliarden Schilling (rund 45 Milliarden DM) beträgt. Neben dem Silicon Valley der Computerindustrie ist rund um San Francisco ein zweites High-Tech-Zentrum entstanden, diesmal für Gentechnik.

Auch Multimedia mutiert zum Megamarkt: Das Internet, weltweit bereits von bald 50 Millionen Usern als Informationsquelle, zur Kommunikation und Unterhaltung, aber auch für den Einkaufsbummel genutzt, wird mehr und mehr zum universellen „Multimedia-Medium“. Immer neue Anbieter drängen hinein – und erwarten gewaltige Geschäfte. Kaum eine Woche vergeht ohne neue Allianzen oder strategische Kooperationen. Multimedia verspricht der Boom-Markt der kommenden Jahrzehnte zu werden.

> *Natürlich sind allgemeine Aussagen für alle Branchen schwer zu treffen. Gewinnen werden in jedem Fall jene Unternehmen, die es schaffen, ein funktionierendes Kosten- und Qualitätsmanagement zu installieren.*
> ATTILA DOGUDAN

Auch dieses Geschäft wird von den Amerikanern beherrscht, der Rest der Welt hinkt hinterher. Aber auch in Europa formieren sich Bündnisse, die bis dato ausgeschlossen schienen: Führende Telekommunikations-Unternehmen kooperieren mit Netzwerkkonkurrenten und Mitbewerbern im On-line-Markt aus dem Verlagsbereich. Stromriesen denken daran, ihre Glasfasernetze zu verknüpfen, und auch Industriekonzerne suchen Partner für das Telekommunikationsgeschäft.

Allein für Deutschland wird das Marktpotential von Multimedia bis zur Jahrtausendwende auf 140 bis 155 Milliarden Schilling (20 bis 22 Milliarden Mark) geschätzt. Ein Umsatz, der jedoch zum Teil auf Kosten anderer Bereiche gehen wird. Die Gesamtnachfrage im Medienmarkt wird sich trotz Einführung neuer elektronischer Medien nicht spürbar erhöhen.

Doch der neue Megamarkt wird neue Produkte und Dienstleistungen – und damit auch Jobs – kreieren. Nach Expertenmeinung werden bis zum Ende des Jahrhunderts in Deutschland zwei Millionen Arbeitsplätze direkt oder indirekt von Multimedia abhängen. Multimedia wird die Arbeitswelt nachhaltig verändern. Millionen Menschen könnten künftig zu Hause arbeiten. Doch ob sich dieser Trend in der Praxis tatsächlich durchsetzt, wird von vielen Forschern bezweifelt. Offen ist auch, wie viele Jobs durch die neue Technik verlorengehen: Telebanking etwa wird im Bankengewerbe zum Verlust von Arbeitsplätzen führen.

Zunächst sind viele Milliarden notwendig, um den Markt der Zukunft aufzubauen. Die tatsächliche Erschließung des Massenmarktes erwarten Experten zwar erst ab der Jahrtausendwende, doch schon jetzt werden die Reviere abgesteckt.

Trends für das dritte Jahrtausend

Die Wahl des Berufes zählt zu den wichtigsten Entscheidungen im Leben. Die Gefahr, in einer Sackgasse zu landen, ist aber gerade vor dem Hintergrund der zuvor skizzierten Entwicklungen groß. Die Berufsbilder verändern sich schon technologisch bedingt ständig. Ausbildungen, die heute noch gute Karrierechancen zu eröffnen scheinen, können morgen know-how-mäßig wieder überholt sein. So meint Günther Wöss, daß beispielsweise in der Gastronomie und Hotellerie die Koch/Kellner-Ausbildung à la longue nicht mehr die Basisqualifikation darstellen wird. In Zukunft würden vielmehr Verkäufer- und Animateurtypen stärker zum Zug kommen und auch ein klassischer Beruf wie der des Kochs durch die fortschreitende Industrialisierung mehr in den Hintergrund gedrängt werden: „Die Gäste erwarten im Service jemanden, der ihnen intellektuell ebenbürtig ist. Reine Transporteure, die die Teller von einem Platz zum anderen hin- und herschieben, haben ausgedient. Künftig wird die Berufswelt völlig anders aussehen, und es wird viel stärker darum gehen, Erlebnisse und Gefühle zu verkaufen."

Nur wer flexibel ist, sich ständig weiterbildet und den Veränderungen anpaßt, sichert sich Job und Karriere. Das ist auch deshalb notwendig, weil die Vorlieben vieler Schulabsolventen weitgehend in dieselbe Richtung gehen: So hat beispielsweise eine österreichische Erhebung unter Abgängern des Abitur-/Maturajahrganges 1993 ergeben, daß 12,3 Prozent Unternehmer oder Manager werden wollen. 11,8 Prozent sehen sich als künftige Mediziner, und immerhin 11,4 Prozent wollen im Bereich Unterricht und Erziehung arbeiten, während es 10,4 Prozent zu einem künstlerischen Beruf hinzieht. Lediglich 8 Prozent interessieren sich für Technik und nur magere 6,3 Prozent für die Juristerei. Allerdings:

Die Ahnungslosen sind die größte Gruppe. 13,2 Prozent wissen nicht, was sie beruflich anfangen sollen.

Die Karrieremöglichkeiten im Handel sind an sich unbegrenzt, nach oben hin werden sie aber immer enger. Bei einem Unternehmen wie unserem mit 3.000 Mitarbeitern gibt es beispielsweise eben nur fünf Vorstände. Jemand, der als Lehrling begonnen hat, kann aber schon mit 25 Markt-, mit 30 Gebietsleiter werden und mit 40 Vorstandsdirektor. Für Mitarbeiter in der Verwaltung, im Marketing oder Controlling sind die Entwicklungsphasen aber anders und kürzer.

KARLHEINZ ESSL

Menschen ohne oder mit abgebrochener Fachausbildung werden es in Zukunft mit Sicherheit noch schwerer haben als schon heute, weil es immer weniger Erwerbsmöglichkeiten geben wird. Im Jahr 2010, so schätzen Bildungsexperten, werden 70 Prozent der Erwerbstätigen eine fachliche Aus- und Weiterbildung und elf Prozent eine Hochschul- bzw. sechs Prozent eine Fachhochschulbildung benötigen. Nur mehr zehn Prozent der Arbeitsplätze werden langfristig für Ungelernte vorhanden sein.
Ohne fundierte berufsbezogene Bildung ist die erfolgreiche Integration der Jugend in den Arbeitsmarkt zum Scheitern verurteilt: In einer Reihe europäischer Staaten haben mehr als 50 Prozent der Heranwachsenden keine fundierte Berufsausbildung. In Deutschland, Dänemark und Österreich dagegen weisen 80 Prozent nach der Pflichtschule einen weiterführenden Abschluß vor. Was sich positiv bemerkbar macht: Während im EU-Durchschnitt etwa 21 Prozent der unter 25jährigen arbeitslos sind, ist diese Quote in den zuvor genannten Ländern deutlich geringer.

Als Teil der Freizeitindustrie stehen den Medien goldene Zeiten bevor. Sie sind ein wachstumsträchtiges Geschäftsfeld, das breiteste Schichten anspricht. Der Konsum von Medien aller Art ist die preiswerteste Art der Freizeitgestaltung – Satellitenfernsehen beispielsweise bietet selektive Qualität zu eigentlich lächerlichen Preisen.

MICHAEL GRABNER

Internationale Trendanalysen unterstreichen jedenfalls zunehmende Dienstleistungsorientierung und gleichzeitig eine steigende Qualifikation der Menschen. So hat sich in Österreich zwischen 1981 und 1991 der Anteil der in Dienstleistungsberufen Beschäftigten von 61 auf 67 Prozent erhöht. Eine Tendenz, die sich bis zum Jahr 2010 fortsetzen wird. Mehr als 50 Prozent der Dienstleistungsberufe sind im Bereich der persönlichen Dienstleistungen, der Sicherheitsberufe, Handels- und Verkehrs- sowie Büroberufe angesiedelt. Wofür zwar in der Regel eine berufsfachliche Ausbildung, aber keine akademisch-universitäre Bildung erforderlich ist. Für jene rund elf Prozent der Erwerbstätigen, die im Jahr 2010 für ihren Job einen Hochschulabschluß benötigen werden, wird es nach Meinung der Experten jedenfalls eine Menge Konkurrenz geben. Bereits heute sind etwa zwölf Prozent der 30jährigen Berufstätigen Absolventen einer Universität.

> *Sämtliche Dienstleistungsbereiche werden boomen. Wenn der Mensch genug verdient hat, möchte er sich bedienen lassen. Deshalb bieten auch Berufe, die mit Schönheit, Kosmetik, Jugend- und Aktivitätserhaltung zu tun haben, beste Perspektiven.*
>
> ELISABETH GÜRTLER

Sichere Arbeitsplätze

Mit einer relativ hohen Arbeitsplatzsicherheit dürfen jedenfalls weiterhin vor allem Techniker und Wirtschaftswissenschaftler rechnen: Die Mehrzahl der Unternehmen setzt in diesem Bereich auf einen stabilen Personalstand, wobei Absolventen höherer technischer Lehranstalten zu den aussichtsreichsten Kandidaten um freie Jobs gehören. Bei einer Befragung von 83 österreichischen Betrieben mit 27.900 Beschäftigten durch die Industriellenvereinigung erklärte mehr als ein Drittel der Unternehmen, künftig HTL-Ingenieure einstellen zu wollen, und 15 Prozent rechneten mit einem steigenden Bedarf an Absolventen eines Technikstudiums. Etwas weniger gefragt sind dagegen Berufseinsteiger, die eine wirtschaftswissenschaftliche Fachrichtung besucht haben. Rund ein Drittel der Betriebe sieht in diesem Bereich eine Ausweitung des Personalstandes vor. Zusätzliche HAK-Absolventen beabsichtigt etwa mehr als ein Viertel der Betriebe einzu-

stellen. Bei der Frage nach dem Bedarf an Juristen gaben alle Betriebe an, deren Anteil in den nächsten Jahren unverändert lassen zu wollen. Besonders großes Interesse – nämlich zu 75 Prozent – bringen Industriebetriebe Bewerbern entgegen, die eine Fachhochschule besucht haben.
Zu übertriebener Freude gibt es dennoch keinen Anlaß, weil sich die allgemeine Konjunkturabflachung in einer vorsichtigen Personalpolitik der Unternehmen niederschlägt. So gab kein einziger der befragten Betriebe an, in den nächsten zwei bis drei Jahren den Personalstand im technischen und kaufmännischen Bereich stark ausweiten zu wollen.

Die Veränderung von Berufsbildern ist ein fließender Prozeß, schon in den letzten Jahren hat sich in dieser Hinsicht sehr viel getan. Im Kunsthandel steht eine Reduktion der Händler bevor, es werden größere Netzwerke entstehen. Wahrscheinlich wird in zehn Jahren jede größere Bank ein eigenes Department haben, das sich mit dem Kunsthandel beschäftigen wird. Der Einsatz der Telekommunikation wird das Leben der Menschen massiv beeinflussen.

AGNES HUSSLEIN

Die 20 größten Industrieunternehmen Deutschlands

Rang	*Unternehmen*	*Umsatz (in Mio. DM)*
1	Daimler-Benz	104.075
2	Siemens	85.598
3	Volkswagen	80.041
4	Veba	64.993
5	Hoechst	49.637
6	RWE	46.047
7	BASF	43.674
8	Bayer	43.420
9	BMW	42.125
10	Thyssen	34.949
11	Mannesmann	30.397
12	VIAG	28.957
13	Karstadt	24.182

14	Ford	23.398
15	Preussag	23.211
16	Kaufhof	22.088
17	Krupp-Hoesch	20.386
18	Asko	18.918
19	Lufthansa	18.836
20	MAN	18.144

Die gewinnträchtigsten Branchen

(Eigenkapitalrendite börsennotierter Unternehmen in Prozent)

Branche	*1990*	*1992*	*1994*
Auto	27,3	9,0	14,7
Bau/Zement	17,2	28,9	21,5
Chemie	19,2	13,6	17,5
Elektro	15,4	9,5	–0,7
Handel	24,0	20,1	11,3
Konglomerate	17,3	17,5	11,5
Maschinenbau	19,3	4,5	4,0
Textil/Mode	17,5	8,9	14,2
Verkehr	7,8	6,4	–5,7
Energieversorgung	20,7	17,3	19,3

Quelle: managermagazin

Die besten Berufe für die Zukunft

Berufe mit Zukunft sind aber gar nicht so schwer auszumachen: Beratende Berufe wie Steuerberater, Unternehmensberater, Rechtsanwälte werden auch in Zukunft gefragt sein. Ebenso wie Kostenmanager, die ihrem Unternehmen mehr Ertrag verschaffen. Gefragt sein werden auch all jene Berufe, die mit Umwelt, Tourismus, Verkauf und der Psyche zu tun haben. So meinen nicht wenige Managementexperten, daß es schon bald den „Therapeuten für alle" geben wird, der mithelfen soll, flächendeckend psychologischen Beistand zu geben. Menschen, die sich am internationalen Parkett gut bewegen können, werden genauso gute

Chancen haben wie jene, die sich mit der immer stärker kommenden Telearbeit auseinandersetzen und darüber nachdenken, wie der Arbeitsplatz nach Hause kommt statt umgekehrt.

Ich glaube, daß all jene Berufe Zukunft haben, die dazu beitragen, die Kommunikation zwischen den Menschen in Schwung zu halten. Sozusagen pädagogisch orientierte Berufe, die unterschiedliche Bevölkerungsgruppen und Fachrichtungen zusammenbringen. Nichts ist heute schwieriger, als sich verständlich zu machen und auch gehört zu werden. GERTRAUD KNOLL

Verdienen mit neuen Berufen

Obwohl die Entwicklung von neuen Berufsbildern erst in Ansätzen vorhanden ist, ist sie dynamisch. Insbesondere Jobs in den Sparten Sozialbetreuung, Kultur und Freizeit, Umweltschutz, Energie und Verkehr, Biotechnologie, Audiovision sowie EDV haben eine rosige Zukunft. Professionelle Berater werden als Karriereshooter gehandelt. Während Diätassistenten oder Ehe- und Familienberater bereits über ein mehr oder weniger ausgeformtes Berufsbild und gesellschaftliche Anerkennung verfügen, ruft die Berufsbezeichnung „Animateur" oder „Lebensberater", für die es ebenfalls bereits fundierte Ausbildungswege gibt, bisweilen noch immer Staunen hervor. Ein Umstand, der sich in Zunkunft aber garantiert ändern wird.

Neue Jobs im neuen Europa

Auch wenn in manchen Bereichen die Lage derzeit alles andere als rosig ist, besteht dennoch zu allgemeiner Verzweiflung kein Anlaß. Alles dreht sich, alles bewegt sich: Auch auf der Jobbörse bleiben Angebot und Nachfrage nicht stehen. Jede Zeit bringt neue Anforderungen, neue Märkte und daher neue Karrierechancen mit sich. Laufend entstehen Jobs, die es gestern in dieser Form noch nicht gegeben hat und die Neueinsteigern, Umsteigern und Schnellernern beachtliche Entwicklungspotentiale bieten.

So ist etwa in den letzten Jahren vor allem bei den neuen EU-Mitgliedern Schweden, Dänemark und Österreich das Berufsbild des EU-Spezialisten entstanden. Der Hintergrund: Die Betriebe müssen bedenken, auf welche Rechtsvorschriften zu achten ist, welche Förderungstöpfe zur Verfügung stehen und was Euro-Marketing wirklich bedeutet. Weshalb zumindest jeder Betrieb über 30 Mitarbeiter einen EU-Beauftragten braucht, der vielfältige Qualifikationen und Detailkenntnisse haben muß. In der Alpenrepublik gibt es daher seit Beginn 1995 eine eigene EU-Ausbildungsakademie „von Praktikern für Praktiker", die in drei einwöchigen Ausbildungsblöcken als erster systematischer Lehrgang zum „EU-Beauftragten" angeboten wird.

> *Umweltberufe sind nach wie vor interessant, ebenso der gesamte EDV-Bereich. Vor allem Professionen, die sich mit Maschinensteuerung und Elektrotechnik auseinandersetzen, halte ich für ausgesprochen zukunftsträchtig. Auch Pflegeberufe werden attraktiver werden, weil es immer mehr ältere Menschen und zugleich kleinere Haushalte geben wird. In der Landwirtschaft, die früher ein typisches Auffangnetz für Arbeitslose war, werden künftig noch mehr Arbeitsplätze verlorengehen.* MARTINA PECHER

Ostmanager sind ebenfalls eine zukunftsträchtige Spezies. Kein Investor in den Reformstaaten kann in der Startphase auf Manager mit Know-how aus Westeuropa verzichten. Wozu auch multikulturelles Managementwissen, das Wissen um Sitten, Kulturen und Gebräuche eines Landes gehört. Insbesondere die Österreicher haben sich in den letzten Jahren als die besten Osteuropa-Manager qualifiziert. Das liegt wohl an ihrer regionalen, geschichtlichen und familiären Verflechtung mit diesen Ländern.

Ökologie und Umweltschutz wird in Zukunft nicht nur Gemeinden, Papier-, Chemie- und Erdölfirmen beschäftigen. Alle Unternehmen werden sich mit dem Problem der Abfallbeseitigung, des Recyclings und des Umweltschutzes als Bestandteil einer betriebswirtschaftlichen Unternehmensplanung und des allgemeinen Unternehmensimages in der Gesellschaft auseinandersetzen müssen. Die Aussichten sind gut: Neben Ausbildungsmöglich-

keiten an landwirtschaftlichen und technischen Hochschulen sind laufend neue Hochschullehrgänge und Fachhochschulen im Entstehen.
Qualitätssicherungsbeauftragte sind ebenfalls im Kommen: Internationale Netzwerke von Zuliefer- und Vertriebsfirmen bedingen, daß sich die involvierten Betriebe voll und ganz auf ihre jeweiligen Partner verlassen können müssen. Was nur mittels Qualitätssicherung nach einheitlichen Standards funktioniert: Der QS-Boom ist noch lange nicht vorbei – auch wenn wie in der Personalberatungsbranche auch hier schon einige Goldgräber am Horizont auftauchen und den Markt mit mangelhafter Qualität verunsichern. Was aber wiederum eine Chance für qualifizierte Anbieter und Ausbildungsinstitute ist.

> *Ich glaube, daß Berufe, die sich mit der Natur beschäftigen, gute Zukunftschancen haben, ebenso wie Professionen, die einen Bezug zum Luxus haben – beispielsweise Juweliere. Ein Minuswachstum sehe ich dagegen in der Mode- und Textilbranche.* VERA RUSSWURM

Da die Bevölkerung immer älter und reicher wird, gibt es einen steigenden Bedarf an Betreuungsdienstleistungen. Die sogenannten „grauen Panther" erwarten Leistung – und können sie auch bezahlen. Zugleich steigt die Komplexität unseres Lebens. Viele Menschen, zunehmend auch Manager, finden sich in der Komplexität dieser Lebensanforderungen nicht mehr ausreichend zurecht und brauchen persönliches Coaching durch Lebensbetreuer. Ein Riesenmarkt, für den es ebenfalls bereits einschlägige Ausbildungsmöglichkeiten gibt, wie Kurse für Lebenshilfebetreuung, das Neurolinguistische Ausbildungsprogramm NLP, die Sozial- und Pflegeausbildungsschulen bis zum Spezialcoaching für Führungskräfte durch erfahrene Personalberater.

Bewegte Gehälter

Auch wenn für die nächsten Jahre höchstens vorsichtiger Optimismus angesagt ist, kann die allgemeine Gehaltsentwicklung nur schwer über einen Kamm geschert werden. Die angespannte Wirtschaftslage macht sich in vielen Bereichen dämpfend be-

merkbar, dennoch sind absolute Topgehälter nach wie vor keine Sensation. „Die Gehaltsentwicklung in der Gastronomie ist nicht so schlecht: Sie ist natürlich umsatzabhängig, aber wer sein Geld wert ist, der kann auch gut verdienen", sagt dazu Attila Dogudan. Er glaubt, daß nur spezialisierte Unternehmen überleben werden und alle anderen langfristig keine Chance haben.
Was im Klartext nichts anderes heißt, als daß es trotz Produktivitätssteigerungen und zum Teil sehr guten Verdienstmöglichkeiten weiterhin eine große Zahl von Menschen ohne Job geben wird. Michael Grabner hält die Arbeitslosigkeit weltweit für eines der ganz großen Probleme und dessen Lösung für äußerst ungewiß: „Jedenfalls werden sich nur wenige reiche Staaten die Arbeitslosigkeit überhaupt leisten können. In ärmeren Ländern wird es zu einer massiven Verelendung kommen. Dort wird es dann einen Bodensatz von zumindest zehn Prozent der Bevölkerung geben, der sehr arm dran sein wird." Seine Schlußfolgerung: In den Industriestaaten werde es wahrscheinlich ein Mindesteinkommen geben – egal, ob in Form von Gehalt, Arbeitslosenentgelt oder Pension –, das rund ein Drittel der Bevölkerung beziehen wird. Während die andere Seite der Medaille von drei oder vier Prozent Reicher oder Superreicher repräsentiert werde.
Selbst Durchstarter sind mit ihren diesbezüglichen Prognosen äußerst verhalten: Rudolf Schabus ortet zwar im Umweltschutz, bei Alternativenergien sowie bei intelligenten Produkten beispielsweise im Bereich der Feintechnologie Chancen und ist der Meinung, daß es den Menschen tendenziell insgesamt etwas bessergehen wird, ist aber gleichzeitig überzeugt, daß die globale Überbevölkerung noch größere Probleme machen wird.
Kein angenehmes Szenario: Mehr Menschen, die sich um die immer knapper werdende Arbeit raufen. Klar, daß da auch Martina Pecher nicht sehr optimistisch ist, was die Gehaltssituation betrifft. „Die steigende Arbeitslosigkeit schlägt sich natürlich auch in den Gehaltsverhandlungen nieder. Je höher die Arbeitslosigkeit, desto schwieriger wird der Wiedereinstieg für die Betroffenen", erklärt die Unternehmerin. Sie plädiert für ein Umdenken bei den Lohnkosten – die Arbeit müsse in unseren Breiten wieder billiger werden.

À la longue werden die Menschen unterm Strich weniger Geld zur Verfügung haben. BRITTA STEILMANN

Mehr Geld für mehr Leistung

Der schnelle Wechsel des wirtschaftlichen Umfelds schlägt sich jedenfalls bereits in der Art der Entlohnung nieder. Natürlich hängen die jeweiligen finanziellen Möglichkeiten von der Branche ab. Die meisten Unternehmen gehen aber unabhängig davon heute mit gut dotierten Fixgehältern samt großzügigen Fringe Benefits bei weitem nicht mehr so großzügig um wie noch vor wenigen Jahren. Besonders in den USA hat sich die Entwicklung hin zu leistungsorientierter Bezahlung in den vergangenen 25 Jahren auf breiter Basis durchgesetzt: Rund zwei Drittel der Manager in den Vereinigten Staaten beziehen Gehälter, deren Höhe von der Erreichung kurz- und längerfristiger Unternehmensziele abhängig ist. Auch in Deutschland, Österreich und der Schweiz werden Dienstverträge nach dem Motto „Wer mehr leistet, soll mehr verdienen" immer beliebter. Rund ein Drittel der Führungskräfte haben bereits erfolgsorientierte Vereinbarungen zu erfüllen. Unternehmensberater prophezeien reinen Anwesenheitsgehältern nur noch wenig Zukunft. Bei manchen Großbetrieben beziehen Spitzenmanager Einkommen, die sogar zu 50 Prozent aus Leistungskomponenten bestehen. Die Möglichkeit dazuzuverdienen, stellt einen wesentlichen Leistungsanreiz dar und fördert das unternehmerische Denken und Handeln enorm. Langfristig verschwimmen die Grenzen zwischen Angestellten und Unternehmern immer mehr, und Mitarbeiter agieren wie eigene Profit Center.

Die Gehälter für die breite Masse werden grundsätzlich eher stagnieren, letztlich kommt es aber immer auf die Einzelpersonen an. Für Unternehmerpersönlichkeiten gibt es immer interessante Möglichkeiten. Damit meine ich aber nicht Karrieretypen im negativen Sinn, sondern Menschen, die etwas in eine positive Richtung verändern wollen. KARLHEINZ ESSL

Nur die wenigsten Unternehmen denken jedoch vorläufig daran, derartige Systeme auf alle Angestelltenebenen zu übertragen. Jüngere Mitarbeiter erhalten zwar häufig Prämien, sonst wird aber darauf geachtet, daß die Personalkosten nicht explodieren. Manche Betriebe zeigen jedoch bereits heute, wohin die künftige Richtung geht: Alle Mitarbeiter vom Firmenchef abwärts erhalten zusätzlich zum Grundgehalt eine flexible und leistungsorientierte Prämie. Diese kann zwischen fünf und 25 Prozent des Bruttojahresgehalts ausmachen und ist von einer Reihe detailliert beschriebener Kriterien abhängig. 30 Prozent der möglichen Prämie sind beispielsweise von übergeordneten, firmenstrategischen Teamzielen (operatives Betriebsergebnis), 30 Prozent von speziellen Teamzielen (beispielsweise die Reduzierung von Forderungsbeständen) und 40 Prozent von persönlichen und vom Tagesgeschäft unabhängigen Vorgaben (z. B. besondere Kundenorientierung in einer Außenstelle oder Aquirierung von Neukunden) abhängig. Daraus resultierend kann die Höhe der jeweiligen Prämie entweder steigen oder sinken.

Der Tourismus ist eine Wachstumsbranche, insbesondere der Städtetourismus. Die Wertschöpfung ist allerdings gering, weil es ein Überangebot an Betten gibt. Aufgrund der niedrigen Inflation und der hohen Arbeitslosigkeit werden die Lohnzuwächse eher gering sein. In unserer Branche sind die Aussichten für Köche und Restaurantdirektoren gut, weil es sich um gesuchte Spezialisten handelt. Bei niedrigeren Qualifikationen sehe ich dagegen nur wenig Spielraum.

ELISABETH GÜRTLER

Jeder Mitarbeiter hat so unmittelbaren Einfluß auf seinen Lohn. Progressive Prämiensteigerungen sind eine gute Methode, um die Motivation zu steigern und vorgegebene Planziele schneller zu erreichen.
Insgesamt eine gute Sache für Unternehmen und Mitarbeiter. Deshalb sollten Sie auch, wenn Sie bei einem neuen Job mit einem derartigen Entlohnungssystem konfrontiert werden, vor allem die positiven Seiten sehen. Damit wird nicht nur Ihre persönliche Leistung stärker honoriert, eine höhere Produktivität sichert auch den Unternehmenserfolg und somit auch Ihren Arbeitsplatz.

Die internationalen Spitzenverdiener

Die internationalen Spitzenverdiener sind in Luxemburg zu Hause. Fast 400.000 Schilling beträgt das durchschnittliche Jahreseinkommen im Steuerparadies. Da können nicht einmal die Schweizer mithalten, die mit knapp 370.000 Schilling auf Rang zwei liegen. Der erste Nicht-Europäer ist auf Position drei: Japan mit 350.000 Schilling. Abgeschlagen auf Platz acht folgen die Österreicher, die laut Weltbank gerade noch 250.000 Schilling kassieren. Zum Vergleich das Jahreseinkommen in Äthiopien: 1.300 Schilling.

Luxemburg	398.000
Schweiz	371.800
Japan	346.300
Dänemark	281.100
Norwegen	264.800
USA	258.600
Deutschland	255.800
Österreich	249.500
Island	245.900
Schweden	236.300
Äthiopien	1.300
Moçambique	800

Quelle: Weltbank / Durchschnittliches Bruttojahreseinkommen in Schilling

Gehälter für Manager

Trotz Rezessionsknicks können sich die Gehälter von Führungskräften nach wie vor sehen lassen. So fanden beispielsweise die österreichischen Manager 1995 im Schnitt knapp 1,75 Millionen Schilling (195.000 DM) auf ihrem Gehaltszettel.

Am besten verdient wird in der Versicherungsbranche mit rund 1,577 Millionen, gefolgt von der Elektrobranche mit 1.445.000 Schilling, der Industrie mit 1.461.000 Schilling und der – häufig als wenig lukrativ bezeichneten – Dienstleistungsbranche mit 1.356.000 Schilling.

Klassische Manager sahnen nach einer WDF-Untersuchung durchschnittlich 1.562.000 Schilling ab, Techniker liegen bei

1.358.000 Schilling und Controller bei 1.417.000 Schilling. Abgeschlagen dagegen Einkäufer und Marketingleute, die mit knapp 1,2 Millionen vergleichsweise wenig verdienen.

À la longue wird es in den Industriestaaten andere Entlohnungssysteme geben. Der erfolgsabhängige Gehaltsanteil wird sich auch in niederen Hierarchien durchsetzen. Künftig wird sich die Entlohnung stärker an Kriterien wie Leistung, Freundlichkeit und Effizienz orientieren. Es wird wesentlich offenere Managementstrukturen geben mit klar umrissenen Zielen, von denen dann das Weiterkommen und die Bezahlung der einzelnen Mitarbeiter abhängen.

AGNES HUSSLEIN

Vor allem in der ersten Führungsebene wird Leistung und Einsatz dementsprechend honoriert. Bereits 67 Prozent werden erfolgsabhängig bezahlt. In der zweiten Führungsebene sind es 55, in der dritten 33 Prozent, die für mehr Cash auch mehr leisten müssen. Insbesondere Versicherungen, Handel und Banken setzen auf variable Gehaltsanteile. Häufigste Bemessungsgrundlage ist der Unternehmensgewinn. 38 Prozent aller Führungskräfte müssen ein bestimmtes Ziel erreichen, um das Maximum zu verdienen, 15 Prozent sind vom Umsatz abhängig. Arbeiten müssen Führungskräfte aber dafür genug: Im Schnitt werden monatlich 16 Überstunden geleistet, die bei 95 Prozent der Manager als Pauschale im Gehalt enthalten sind.

Spitzenchancen für Spitzenmanager

Führungskräfte bei Töchtern globaler Unternehmen können besonders gut verdienen: Spitzenmanager mit Format sind sehr gefragt. Die Nachfrage übersteigt bei weitem das Angebot, wie Personalberater immer wieder feststellen. Gesucht werden vor allem Geschäftsführer, die von Deutschland oder Österreich aus das Ostgeschäft aufbauen, und Spitzenmanager mit Gebietsverantwortung für Konzerne, die sich im Lande gerade neu etablieren.

Vor dem drohenden Hintergrund einer Zweidrittelgesellschaft werden Non-profit-Organisationen künftig eine noch stärkere Berechti-

gung haben. Die Zusammenarbeit von kirchlichen Stellen mit Einrichtungen wie Amnesty International, Greenpeace, aber auch Bürgerinitiativen wird noch enger werden. Non-profit-Organisationen arbeiten, wie auch der Name sagt, nicht gewinnorientiert. Jeder, der dort arbeitet, ist de facto unterbezahlt. Persönliches Engagement kann auch nicht mit Überstunden aufgewogen werden.

GERTRAUD KNOLL

Manager, die sich für eine derartige Position berufen fühlen, müssen bestimmte Eigenschaften mitbringen: generalistisches Denken statt eindimensionalem Fachwissen sowie die Fähigkeit, sich in anderen Kulturen sicher bewegen zu können. Ein Geschäftsführer einer Konzerntochter muß beispielsweise gleichzeitig mit der US-Geschäftsführung gut auskommen, einen Draht zu den einheimischen Kunden haben und die Verantwortung für den Ostaufbau übernehmen können. Außerdem sollte er Akademiker sein. Dem Studienfach kommt dagegen ebenso wie dem Alter eine eher untergeordnete Rolle zu. Auch Manager um die 45 haben gute Aussichten auf einen internationalen Karrieresprung.

Auf jeden Fall müssen sie in ihrem bisherigen Job sehr gut gewesen sein und bei einem Mitbewerber in einer vergleichbaren Position – zumindest als Vertriebs- oder Marketingleiter – tätig gewesen sein. Das Gehalt kann sich sehen lassen und bewegt sich je nach Branche zwischen 1,4 und 2,5 Millionen Schilling (200.000 bis 350.000 DM) jährlich, ein Drittel davon leistungsabhängig. Das Potential der qualifizierten Bewerber ist jedoch klein: Pro ausgeschriebener Stelle kommen maximal einige hundert Manager in Frage.

Die Nachfrage ist auch deshalb hoch, weil multinationale Unternehmen bei der Besetzung von internationalen Positionen auf der höchsten Ebene regelmäßig mit Schwierigkeiten konfrontiert sind. Laut einer Harvard-Studie, bei der 1.000 auslandserfahrene Geschäftsführer und Generaldirektoren aus 30 Ländern befragt wurden, ist die Hälfte aller in Konzernen tätigen Führungskräfte von anderen Firmen abgeworben worden. Die größte Nachfrage besteht in den Bereichen Marketing und Verkauf. Daß Mitarbeiter aus der Konzernzentrale häufig auf internationale Spitzenpositionen verzichten, hat zwei Gründe: den Druck innerhalb der Familie und die Angst, den Kontakt zum „mainstream" des Unternehmens zu verlieren. Vom Standpunkt des Unternehmens gesehen, ist die Schwierigkeit des einzelnen, sich an Kultur und berufliche Anforderungen in einem ungewohnten Lebensraum zu gewöhnen, das größte Hindernis für den Erfolg von Spitzenkräften im internationalen Einsatz.

In den kommenden fünf Jahren wird jeder zufrieden sein, wenn er zumindest die Inflationsabgeltung bekommen wird. Zur Zeit gibt es ein Überangebot an Arbeitskräften, deshalb wird gehaltlich nicht viel zu erwarten sein. Mit Ausnahme von Spezialisten, die auch weiterhin Spitzengagen beziehen werden. Häuser wird man sich nicht mehr so einfach verdienen können, aber die Butter auf dem Brot wird weiterhin möglich sein. HELMUT PECHLANER

Gesuchte Teilzeitmanager

Gute Verdienstchancen eröffnen sich zur Zeit auch Managern, die nicht unbedingt auf eine fixe Anstellung aus sind, sondern lieber projektbezogen auf Selbständigenbasis tätig sein wollen. Ihnen eröffnet die angespannte Wirtschaftslage neue interessante Aufgabengebiete: Immer mehr Klein- und Mittelbetriebe mit einem Jahresumsatz von 50 bis 400 Millionen Schilling sehen sich mit Schwierigkeiten konfrontiert, die sie nicht mehr ohne Hilfe von außen meistern können.

Womit auch die Chancen für Experten laufend steigen, die umfassende Restrukturierungskonzepte inklusive umfassender Unternehmensanalyse und Umsetzung der Ergebnisse in die Praxis anbieten. Die Nachfrage nach Spezialisten mit Erfahrung und Know-how ist gewaltig. Diese werken während einer durchschnittlich zwei- bis sechsmonatigen Betreuungsphase als Leihmanager im angeschlagenen Unternehmen. Ihre Aufgabe ist es, den Betrieb von innen heraus wieder auf die Beine zu bringen. Eine Knochenarbeit, für die vor allem ehemalige Führungskräfte und gestandene Großprojektmanager in Frage kommen, die jedoch alles andere als leicht zu finden sind. Was sich in den Gagen niederschlägt: Krisengestärkte Leute mit entsprechendem Know-how, Stehvermögen sowie Führungserfahrung können auf Werkvertragsbasis bis zu 200.000 Schilling (knapp 30.000 DM) im Monat verdienen.

Verallgemeinerungen sind natürlich heikel, aber grundsätzlich bieten sich in den Medien heute mehr Chancen als vor zehn Jahren. Die Medienlandschaft hat sich im vergangenen Jahrzehnt stark erweitert, vor allem in Deutschland bieten sich heute vielfältige Möglichkeiten – auch zum Pokern um höhere Gehälter.

VERA RUSSWURM

Benachteiligte Frauen

Für Frauen geht es in der Regel dagegen nur sehr langsam bergauf, darüber sind sich die Personal- und Managementberater einig. Zwar ist für sie bereits eine leichte Öffnung nach oben eingetreten, von Gleichstellung kann aber absolut keine Rede sein. In einschlägigen Erhebungen der Gehälter von Führungskräften kommt regelmäßig nur ein kleiner Prozentsatz der Antworten von Frauen. Eine wenig gerechte Situation, die sich aber wahrscheinlich auch kaum rasch ändern wird. Obwohl mittlerweile mehr als die Hälfte aller Unternehmen bei Neubesetzungen keine Geschlechtspräferenzen mehr haben, muß das „schwache Geschlecht" nach wie vor nicht nur mehr können, um aufgenommen zu werden, Frauen verdienen im Schnitt auch ein Viertel weniger. Derzeit sind weibliche Führungskräfte vor allem in den Sparten Marketing, Werbung, Öffentlichkeitsarbeit und Controlling anzutreffen. Auch in der Kosmetik- und in der Pharmabranche sind sie mittlerweile recht stark vertreten. Um den überwiegend noch unbefriedigenden Status quo zu ändern, raten Personalberater Frauen vor allem dazu, bei Gehaltsverhandlungen härter zu sein und zu versuchen, ihre anerzogene Zurückhaltung in Geldfragen abzulegen. Außerdem sei es sinnvoll, den Zeitpunkt der Familiengründung so zu planen, daß zuvor genügend Zeit vorhanden ist, sich im Berufsleben zu etablieren und unersetzbar zu werden.

In der Gastronomie gibt es eine Gehaltstendenz nach oben, allerdings müssen sich die Personalnebenkosten unbedingt reduzieren. Wenn der Automatisierungsgrad steigt, ist eine Art Kopfsteuer kon-

traproduktiv. Deshalb sollte in diesem Zusammenhang viel mehr der Aspekt der betrieblichen Wertschöpfung ein Thema sein.

GÜNTHER WÖSS

Wieviel Führungskräfte 1995 verdient haben

Durchschnittliches Bruttojahreseinkommen nach Wirtschaftszweigen und Branchen in Österreich

Versicherungen	1.577.000,–
Industrie	1.461.000,–
Dienstleistungen	1.356.000,–
Handel	1.262.000,–
Banken/Sparkassen	1.370.000,–
Transport	1.205.000,–
Gewerbe	1.049.000,–
Bau/Stein/Keramik/Glas	1.256.000,–
Elektro/Elektronik/EDV	1.391.000,–
Rohstoff/Erdöl/Energie	1.413.000,–
Chemie/Kunststoff/Pharma	1.308.000,–
Maschinen/Metall/Kfz	1.426.000,–
Nahrungs-/Genußmittel	1.437.000,–
Papier/Holz	1.370.000,–
Textil/Bekleidung/Leder	1.244.000,–

Durchschnittliches Brutto-Jahresgesamteinkommen nach Tätigkeitsbereichen

Management allgemein	1.562.000,–
Controlling	1.417.000,–
Forschung	1.264.000,–
Rechnungswesen	1.225.000,–
Technik	1.283.000,–
Verkauf	1.223.000,–
Projektmanagement	992.000,–
Personal/Ausbildung	1.138.000,–
Verwaltung	1.190.000,–
Einkauf	994.000,–
Marketing	1.218.000,–

Quelle: WdF

Die angeschlagene Elite

Geänderte Bedingungen für Akademiker

Während Ende der siebziger Jahre auch Nichtakademiker ihre Chance bekamen und zum Geschäftsführer aufrücken konnten, hat sich die Situation inzwischen grundlegend geändert. Ein Abschlußzeugnis als Speditions-, Bank-, Industrie- oder Verlagskaufmann reicht heute kaum mehr als Sprungbrett in die Spitzenposition eines Großunternehmens. Wer als Angestellter bis an die Firmenspitze kommen will, braucht dazu einen akademischen Grad.

> *Kommunikationswissenschaften und EDV halte ich für besonders zukunftsträchtig. Ebenso wie Berufe, die mit Controlling und Kostensenken zu tun haben. Das sind Bereiche, die noch ohne Ende wachsen werden.* ATTILA DOGUDAN

Besonders die Logistik bietet glänzende Aussichten. Schon jetzt kann ein Spezialist unter vier bis fünf Stellenofferten wählen. Der Bedarf steigt mit zunehmendem Verkehr und Kostendruck. Von der wachsenden Bedeutung der Logistik profitieren vor allem Wirtschaftsingenieure. Mit ihrer Doppelqualifikation als Kaufmann und Techniker gelten sie als flexible Allroundkünstler. So schafft beispielsweise jeder sechste deutsche Wirtschaftsingenieur den Aufstieg in eine Vorstands- oder Geschäftsführerposition. Für andere Akademiker sieht die Zukunft nicht so rosig aus. Auch ein hart erarbeitetes Diplom oder Staatsexamen allein garantiert noch keine Aufstiegschance. So bieten zwar Gebiete wie Handelswissenschaften, Controlling oder Rechnungswesen, Elektrotechnik, Kulturtechnik, Bauingenieurwesen, Pharmazie und Rechtswissenschaften weitgehend gute Jobaussichten, dennoch arbeitet jeder vierte Akademiker weit unter Niveau. Arbeitsfrust und niedrige Bezahlung sind die Folge.

Dabei steht den Universitätsabsolventen oft nur eine Portion Standesdünkel im Wege. Wer nach dem Studium zusätzliche Qualifikationen erwirbt – besonders gefragt sind soziale Kompetenz, Flexibilität, Mobilität, Sprachkenntnisse und Auslandserfahrung –, in Betrieben hospitiert, dabei die Praxis kennenlernt und auch scheinbar artfremde Tätigkeiten nicht scheut, kann seinen Weg gehen. Viele arbeitslose Lehrer der achtziger Jahre wechselten in die Werbung und PR und machten dort erfolgreiche Karrieren.

Vor allem im administrativen Bereich der Unternehmen wird sich viel verändern – zahlreiche Aufgaben werden ausgelagert und von Spezialisten übernommen werden. Das bedeutet, daß künftig vor allem Spezialisten im High-Tech-Bereich und andererseites auch Manager mit Überblick gefragt sein werden. Persönlichkeiten mit Know-how, die über den eigenen Tellerrand hinausblicken können, werden in allen Branchen quer durch die Hierarchien beste Chancen haben, weil es davon nicht sehr viele gibt. KARLHEINZ ESSL

Solche Flexibilität werden zunehmend auch Angehörige anderer Akademikergruppen zeigen müssen, zum Beispiel die prestigeträchtigen Ärzte. In Deutschland gibt es jährlich für 5.000 Medizinabsolventen weder in einer Klinik noch als niedergelassener Arzt Arbeit. Viele halten sich als Taxifahrer über Wasser, andere leben von Sozialhilfe.

Ein Mangel an Flexibilität stellt sie ins Abseits. Dabei sind Ärzte im Außendienst der Pharmaindustrie immer noch begehrt, weil sie als vertrauensvolle Berater besonders glaubwürdig sind.

Ähnlich hohen Bedarf an qualifizierten Außendienstlern melden fast alle Branchen. Pharmazeuten, die sich vom Traum des selbständigen Apothekers verabschieden, erschließen sich im Vertrieb ebenso neue Perspektiven wie die vom allgemeinen Personalabbau besonders betroffenen Innendienstler aus dem Bank- und Versicherungsgewerbe oder der Datenverarbeitung.

Ob produzierendes Gewerbe oder Dienstleistungsfirmen: Sie suchen Verkäufer und locken mit stattlichen Gehältern und Provisionen. Wer sich zutraut, Verkäufer zu sein, dem winkt eine ziemlich krisensichere Perspektive. Gerade bei schleppender Konjunktur, wenn die Lager überquellen, schlägt die Stunde qualifizierter Außendienstler.

Während der Strukturwandel der Wirtschaft für ganze Berufsgruppen das Aus bedeutet, reiben sich neue Dienstleister die Hände. Personal- und Unternehmensberater, Wirtschaftsprüfer, Kommunikations-, Werbe- und Weiterbildungsexperten haben genug zu tun. Allein im Bereich Kommunikation, so wird geschätzt, werden bis zum Jahr 2000 mindestens 100.000 neue Arbeitsplätze entstehen. Qualifizierte Journalisten, PR- und Werbeexperten gehen aussichtsreichen Zeiten entgegen.
Wer bei den modernen Dienstleistern mitmischen will, muß freilich ein besonderes Anforderungsprofil nachweisen. Breite fachliche Ausbildung und viel Engagement sind Bedingung. Überstunden zählen oder auf eine private Feierabend- oder Wochenendplanung hoffen, ist bei Consultern selten drin.

Der Markt für Medien- und Verlagsmanager mit betriebswirtschaftlichem Know-how ist riesig. In den kreativen Bereichen ist es empfehlenswert, sich so viel Fachwissen wie nur möglich anzueignen.

MICHAEL GRABNER

Die Perspektiven für Akademiker mit Ambitionen im Umweltschutz werden ebenfalls zunehmend besser, auch wenn im Augenblick der Wunsch nach einer Öko-Karriere noch größer als das Angebot ist. Die besten Karten haben dabei Chemiker, gefolgt von Absolventen technischer Studiengänge sowie Biologen. Ihr Einsatzspektrum ist breit wie kaum ein anderes: Industrie, Verwaltung, Verbände und Verlage.
Die rein fachliche Ausbildung ist auch bei Ingenieuren, obwohl ihnen gute Aussichten bescheinigt werden, nicht genug. Die Techniker müssen lernen, mit Menschen und Märkten umzugehen. Das reine Maschinenzeitalter steht vor dem Ende.

Die Frage – Studium, ja oder nein? – hängt vom Einzelfall ab: Ich selbst habe studiert, meiner Tochter habe ich es dagegen nicht angeraten. Im Tourismus kann man sich auch sehr viel in Spezialkursen aneignen.

ELISABETH GÜRTLER

Aufnahmebecken Staatsdienst

Die Zahl der erwerbstätigen Akademiker in Österreich ist in den achtziger Jahren rasant gestiegen. 1981 wurden 162.803 Beschäftigte mit Hochschulabschluß gezählt, 1992 waren es bereits 271.800. Was einem Plus von rund 67 Prozent entspricht. Akademiker stellen damit 7,4 Prozent aller Erwerbstätigen, und zwar bei Männern und Frauen in gleichem Maße. Wobei letztere in den vergangenen Jahrzehnten klar aufgeholt haben. Wurden 1951 rund 9.400 Absolventinnen von Universitäten, Hochschulen oder pädagogischen Akademien gezählt (gegenüber 67.400 Männern), waren es 1992 112.200 (159.600 Männer). Damit hat sich die Zahl der im Beruf stehenden Akademikerinnen fast verzwölffacht, jene der Akademiker mehr als verdoppelt. Dennoch gibt es zwischen Männern und Frauen mit Hochschulabschluß nach wie vor deutliche Unterschiede, was ihre berufliche Position betrifft. Nur drei Prozent der Akademikerinnen sind in führenden Angestellten- oder Beamtenpositionen tätig, bei Akademikern dagegen 14 Prozent. Mehr als zwei Drittel der Uni-Absolventinnen stehen im öffentlichen Dienst, bei Männern mit gleicher Qualifikation sind es 40 Prozent. Der Grund dafür ist die Konzentration der Frauen auf Lehrberufe, die 60 Prozent der graduierten Frauen ausüben (gegenüber 28 Prozent bei männlichen Akademikern).

Chancen für Akademiker

Unterricht und Forschung	42 Prozent
Gesundheits- und Fürsorgewesen	13 Prozent
Gebietskörperschaften, Sozialversicherung und Interessenvertretungen	11 Prozent
Realitätswesen, Rechts- und Wirtschaftsdienste	8 Prozent
Handel	7 Prozent
Metallindustrie	4 Prozent
Banken, Versicherungen	3 Prozent
Kunst, Sport, Unterhaltung	3 Prozent
Chemie- und Ölindustrie	2 Prozent
Verkehr, Nachrichtenwesen	1 Prozent
übrige Wirtschaftsbereiche	6 Prozent

Quelle: ÖSTAT / Mehr als zwei Drittel der Akademiker arbeiten im öffentlichen Dienst

Attraktive Stellen

Entgegen der allgemeinen Entwicklung am Arbeitsmarkt haben Führungskräfte und Akademiker somit insgesamt gute berufliche Perspektiven. So stieg die Zahl der einschlägigen Jobofferten 1995 in Deutschland gegenüber dem Vorjahr um über 25 Prozent. In einem Stellenmarkt-Index, den eine Hamburger Personalberatung für die Wirtschaftszeitung Handelsblatt seit 1981 durchführt und der auf den Stellenteilen von 34 überregionalen und regionalen Tages- und Fachzeitungen basiert, wurden insgesamt 95.309 Offerten gezählt und nach Merkmalen wie Branche, Funktion und Führungsverantwortung ausgewertet. Spürbare Impulse hat der Stellenmarkt vor allem von den neuen Informationstechnologien erhalten. Die Elektronikindustrie rekrutierte verstärkt, die Nachfrage in der Unternehmensfunktion Datenverarbeitung/Organisation stieg drastisch.

> *Bestimmte Grundberufe wie Anwalt, Banker oder Arzt werden immer stabil bleiben. Generell halte ich es für wichtig, einen Beruf zu haben, den man überall ausüben kann. Ich kann mich beispielsweise auch in Honolulu mit Kunst beschäftigen. Zukunftsträchtig halte ich all jene Bereiche, die mit Technologie, Elektronik und Umwelt zu tun haben. Auch gut ausgebildeten Managern mit der Fähigkeit zur Menschenführung gebe ich hervorragende Chancen.*
>
> AGNES HUSSLEIN

Auch die Personalchefs in der verarbeitenden Industrie, dem Fahrzeug- und Maschinenbau und der chemischen Industrie waren zuletzt sehr aktiv. Die Situation kann aber nicht darüber hinwegtäuschen, daß die verarbeitende Industrie, was den Stellenmarkt betrifft, ihre beste Zeit hinter sich hat. Nahm sie Mitte der achtziger Jahre noch zwei Drittel der Bewerber für Fach- und Führungspositionen auf, ist es heute gerade ein knappes Drittel. In einigen Branchen wie dem Maschinenbau schrumpfte das Jobvolumen um 70 Prozent. Ebenfalls im Rückzug befindet sich die Bauindustrie und interessanterweise auch Unternehmensberatungen, bei denen offensichtlich ein gewisser Sättigungsgrad erreicht sein dürfte.

Besser die Situation im Handel – inbesondere im Groß- und Außenhandel –, im Dienstleistungssektor sowie bei den Banken.
Die besten beruflichen Perspektiven finden Führungskräfte und Akademiker im Vertrieb, wo sich die Zahl der Stellenangebote zuletzt deutlich erhöhte. Ähnlich die Entwicklung im Bereich Datenverarbeitung und Organisationsentwicklung, wo es vor allem bei Banken und Versicherungen einen entsprechenden Bedarf gibt. Detto nach wie vor gefragt: Marketing, Forschung und Entwicklung sowie Controlling und Planung. Auf der Verliererseite in Sachen Jobangebot: Produktion, Finanz- und Rechnungswesen sowie das Personalmanagement.

> *Insgesamt wird es mehr Ärzte geben, das heißt, der Kuchen wird kleiner und das Leistungsprinzip stärker zum Tragen kommen. Der finanzielle Aspekt darf für Ärzte an sich keine vorrangige Rolle spielen, andererseits sollte jedoch der enorme Zeitaufwand und die ständige Einsatzbereitschaft auch entsprechend honoriert werden. Fleißigen Ärzten wird es jedenfalls weiterhin gutgehen.*
>
> RUDOLF SCHABUS

Die richtige Qualifikation

Die Anforderungsprofile werden immer enger zugeschnitten, was die formale Qualifikation der Bewerber angeht. Begnügten sich die meisten Unternehmen vor wenigen Jahren noch mit Angaben wie „Studienabschluß in Betriebswirtschaftslehre vorausgesetzt", so häufen sich nun Stellenanzeigen, in denen ausdrücklich Controller oder Banker gesucht werden. Das insgesamt gute Abschneiden der Wirtschaftswissenschaftler ist zu einem großen Teil auf die erhöhte Nachfrage seitens der verarbeitenden Industrie zurückzuführen.
Auf der Sonnenseite des Stellenmarkts befinden sich auch Naturwissenschaftler, die in den vergangenen Jahren auf wachsendes Interesse der Wirtschaft gestoßen sind. Besonders Chemiker und Pharmazeuten sind gefragt.
Ingenieure sind in der Gunst der Unternehmen zuletzt wieder deutlich gestiegen, ebenso wie Informatiker. Parallel zur wenig

erfreulichen Entwicklung in der Bauindustrie ging dagegen die Nachfrage nach Bauingenieuren spürbar zurück, wobei Architekten derzeit noch stärker von der allgemeinen Auftragsflaute in dieser Branche betroffen sind.

Besonders gute Perspektiven sehe ich bei Leuten, die aus der Betriebswirtschaft oder dem Produktdesign kommen, ebenso wie bei Grafikern oder Controllern. BRITTA STEILMANN

Die besten Chancen fanden zuletzt wechselwillige Topmanager vor, die unter mehreren tausend ausgeschriebenen Geschäftsführer- und Vorstandspositionen wählen konnten. So schnell drehte das Jobkarussell selbst Ende der achtziger Jahre nicht. Die Zahl der Offerten für Bereichs- und Abteilungsleiter sank hingegen um einige Prozentpunkte, wogegen Gruppen- und Projektleiter positive Bilanz ziehen konnten.
Tendenziell scheint sich die „Lean-Welle", die zum Wegfall ganzer Hierarchieebenen führte, totgelaufen zu haben. Immer mehr hochqualifizierte Jobs werden bar jeder konkret umrissenen Führungsverantwortung eingerichtet. Die Zahl solcher Offerten verdoppelte sich 1995 um 84,5 Prozent auf knapp 30.000.

Chancen in der Wissenschaft

Wissenschaftliches Personal in Forschung und Entwicklung pro 1.000 Erwerbstätige

Japan	8,9
USA	7,6
Deutschland	5,9
Norwegen	5,6
Schweden	5,5
Island	5,4
Frankreich	5,0
Irland	4,9
UK	4,6
Belgien	4,2
Finnland	4,1
Schweiz	4,0

Niederlande	4,0
Dänemark	3,8
Italien	3,1
Österreich	2,5
Spanien	2,2
Griechenland	1,4
Portugal	1,2
EG-Durchschnitt	4,2

Inhaltlich gefragt sein wird vor allem alles, was mit Marketing und Management zu tun hat. Basiswissen in der Unternehmens- und Mitarbeiterführung sowie in strategischer Planung sind sehr wichtig.

GÜNTHER WÖSS

Frauen am Vormarsch

Das ehemals „schwache" Geschlecht dringt immer mehr in die Schlüsselbereiche der Wirtschaft vor: Frauen erstellen Unternehmens- oder Bereichsbudgets, machen Jahresabschlüsse und überwachen komplette Produktionsabläufe. Und beim abendlichen Small talk nach der Arbeit sind sie den Männern ohnehin schon seit jeher weit voraus. Beispielsweise Vorzeige-Managerin Martina Pecher, die nach eigenen Worten ein typisches Frauenschicksal hinter sich hat: Sie wollte sich eigentlich mit einer eigenen Agentur selbständig machen, aber nachdem ihr Bruder tragisch verunglückte, stieg sie voll ins Familienunternehmen ein. Sie wußte, daß es schwierig sein würde, die Unternehmensstruktur war eine andere, und die älteren männlichen Mitarbeiter betrachteten sie mit gewisser Skepsis. Doch sie sagte sich: „Wenn es dir gelingt, in drei Jahren ein Team aufzubauen, dann hast du es geschafft." Ähnlich verlief der Karriereeinstieg von Elisabeth Gürtler, die ihre erfolgreiche Berufslaufbahn nicht geplant hat: „Ich habe Betriebswissenschaften studiert, zwei Kinder bekommen und halbtags gearbeitet. Nach dem Tod meines Exmannes bin ich ins kalte Wasser gesprungen und habe das Hotel Sacher übernommen. Mit Willen geht vieles."

Die Anforderungen, die an Karrierefrauen gestellt werden, sind aber nach wie vor hoch. Sie sollen kompetent sein, aber ihren männlichen Kollegen nach Möglichkeit nicht geistig überlegen. Sympathisch und anziehend, aber auch nicht zu erotisch. Cool und distanziert, wenn es ums Busineß geht, aber gleichzeitig mit einer warmen Ausstrahlung. Nicht zu mütterlich und nicht zu schüchtern , aber auch nicht zu resch und herb. Gefragt ist vielmehr der Kumpeltyp, mit dem man Pferde stehlen kann und mit dem es tunlichst keine Probleme gibt. Kinder darf die Karrierefrau haben, nur sollte man davon im Job nicht allzuviel merken. Und schon gar nicht dürfen sich die lieben Kleinen negativ in Sachen Produktivität bemerkbar machen.

Es ist durchaus möglich, Karriere und Privatleben miteinander zu kombinieren. Voraussetzung ist allerdings ein Partner, der mithilft.

VERA RUSSWURM

Ungeachtet der Tatsache, daß Frauen nur ungern ihre Leistungen in der Öffentlichkeit breittreten, beweisen sie immer öfter mit ihrer persönlichen Karrierelaufbahn, daß sie beharrlich im Vormarsch sind. So sitzt etwa in jedem fünften österreichischen Unternehmen eine Frau in der Führungsetage; drei Viertel der darunter liegenden Hierarchie-Ebenen weisen zumindest eine weiblich besetzte Position auf. Eine Analyse der im Firmenbuch eingetragenen Geschäftsführer, Vorstände und Prokuristen zeichnet ein ähnliches Bild:

Knapp 25 Prozent der Führungskräfte in Kapitalgesellschaften sind Frauen. Schwach vertreten sind weibliche Vorgesetzte nur noch in der Industrie, bei Banken und Versicherungen, wo der Frauenanteil bei mickrigen 0,3 Prozent liegt. Anders ist die Situation in Deutschland: Dort sind die weiblichen Geldmanager im Vormarsch. Auf sieben Männer kommt bereits eine Frau in einer Spitzenposition. Auch bei den Selbständigen mischen die Frauen bereits ordentlich mit. Jeder dritte Unternehmer ist eine Frau.

Frauen, denen der Aufstieg auf der Karriereleiter gelungen ist, haben ganz bestimmte Qualitäten: bescheidenes, unkompliziertes Auftreten, keine Präpotenz und eine geradezu natürliche Autorität, die – anders als bei vielen Männerbossen – ohne lautes Poltern auskommt. Protzige Statussymbole und untertänige Sekretärinnen fehlen ebenso wie eine allzu hektische Arbeitsatmosphäre.

Meine Karriere war völlig ungeplant. Ich bin gerade in einer Phase zur Superintendentin gewählt worden, als ich sehr glücklich und zufrieden war und meine zwei Töchter noch sehr klein waren. Aus dieser sehr schönen Zeit bin ich dann herausgerissen worden.

Mein Mann hat mich dabei sehr unterstützt und mit den Worten „Veränderungen und Neubeginn haben immer schon zum Leben dazugehört“ ermuntert, diese Herausforderung anzunehmen. Heute bin ich froh, es getan zu haben. Es ist sehr spannend, verschiedene gesellschaftliche Anliegen miteinander zu vernetzen und junge und alte Menschen miteinander ins Gespräch zu bringen.

GERTRAUD KNOLL

Emotionalität ist eine der Stärken der modernen Managerinnen. Frauen haben mehr Gefühl für das, was beispielsweise bei Verhandlungen auf der anderen Seite passiert. Kunden lassen sich eher von einer Frau überzeugen, sind Personalberater von der Durchschlagskraft der weiblichen Rhetorik überzeugt. Wenn Managerinnen letztendlich im Gespräch doch den kürzeren ziehen, dann meist deswegen, weil sie sich entsprechend jahrhundertelanger Prägung dem männlichen Ego des Gegenübers beugen. Frauen müssen ihr angeborenes Harmoniebedürfnis, Männer ihre angeborene Überheblichkeit überwinden.
Im allgemeinen reagieren Frauen schneller und sensibler auf Veränderungen in der Gesellschaft. Wer sich nach ihren Sensoren richtet, läuft nicht Gefahr, die Weichen zu spät auf Zukunft zu stellen.

Karrierehemmer Kind

Wirklich schwer wird es für Frauen dann, wenn sie neben der Karriere auch noch Kinder haben wollen. Die gelungene Kombination von Beruf und Privatleben, die schon für Männer schwer genug ist, grenzt bei ihnen nicht selten an die Quadratur des Kreises. Elisabeth Gürtler bringt es auf den Punkt: „Als Frau ist es eigentlich sehr schwer, Karriere zu machen und eine Familie zu gründen. Die Verantwortung gegenüber den Kindern ist so groß, daß man als Mutter nie so unbelastet im Beruf sein kann wie ein Mann. Es ist nicht möglich, kleine Kinder zu haben und voll im Beruf zu stehen. Das egalisiert sich erst später, wenn man etwas älter ist und die Kinder größer sind." Wenn es dennoch irgendwie klappen kann, dann nur – darin sind sich alle Durchstarterinnen einig – mit dem richtigen Partner sowie entsprechender Organisation und Disziplin. Gertraud Knoll, Mutter zweier Töchter und fünf afghanischer Ziehsöhne, bringt es auf den Punkt: „Sobald Kinder da sind, konzentriert man sich darauf, effizient zu arbeiten. Und man muß im Zeitmanagement so gut sein, daß man intelligent delegiert und sich selbst aufs Wesentliche beschränkt."
Die Karriere ist für Frauen grundsätzlich härter, konstatiert auch Britta Steilmann, was sich eben nicht zuletzt in der Familienpla-

nung zeigt: „Familie und beruflicher Erfolg lassen sich nur schwer vereinbaren, es sei denn, man ist Künstler. Man braucht einen Partner mit ähnlichen Interessen und mit Verständnis für den notwendigen Arbeitsaufwand."

Nicht selten läßt sich der Eiertanz zwischen Karriere und Kindern eher in der Selbständigkeit realisieren als im Angestelltenverhältnis. Immer mehr Karrierefrauen wählen den Weg in die Unabhängigkeit, weil sie nicht länger in einem Gefüge sein wollen, wo jeder auf jeden schaut, wie viele Stunden er wo verbringt. Mit einem Teilzeitjob haben sie oftmals weniger Zeit mit den Kindern als in der Selbständigkeit – von der Möglichkeit zur Selbstentfaltung gar nicht zu sprechen.

Zum Erfolg gehört auch Glück. Beruflich sollte eine Frau ihrem Vorgesetzten ihre Pläne klarmachen und sich vergewissern, ob er damit einverstanden ist.

Privat gibt es kein Geheimrezept: Man braucht jedenfalls einen Partner, mit dem man sich aussprechen kann, denn je weiter man nach oben kommt, desto weniger kann man das mit den Kollegen. Speziell als Frau ist das sehr schwierig, das fängt schon beim Kinderkriegen an. Das funktioniert höchstens mit einem Kindermädchen.

MARTINA PECHER

Eine Entwicklung, die besonders in Großbritannien augenscheinlich ist. Dort sank 1993 zum ersten Mal seit 20 Jahren die Zahl der weiblichen Manager. Die Frauenquote in der Chefetage fiel von 10,2 auf 9,5 Prozent. Insgesamt reichten doppelt so viele Managerinnen die Kündigung ein wie ihre männlichen Kollegen. Gleichzeitig stieg die Zahl der Frauen, die eigene Firmen gründeten. Der Grund: die zu geringe Flexibilität der Unternehmen, auf die Wünsche ihrer Mitarbeiterinnen in Sachen Teilzeitarbeit einzugehen.

Tatsächlich reagieren Unternehmen nur selten flexibel, wenn es um den Wiedereinstieg nach der Karenz und den Aufstieg auf der Karriereleiter geht. Vielen Betrieben sind Frauen nach wie vor vor allem deshalb suspekt, weil sie jederzeit ein Kind kriegen und somit dem Unternehmen urplötzlich unvorhergesehene Probleme machen können.

Eine weitgehend unbegründete Angst: Die meisten Karrierefrauen leben mit ihren Partnern als Karrierepaare, also in Beziehungen, in denen beide Teile Erfolg haben wollen. Entgegen der verbreiteten Ansicht der männlichen Chefs verzichten Powerfrauen der Familie zuliebe nicht automatisch auf den Job. Dennoch halten sich überkommene Vorurteile hartnäckig. Frauenfeinde finden sich besonders zahlreich in der Papier- und Verpackungsindustrie, im Stahl- und Leichtmetallbau, im Baugewerbe und in der Holz- und Möbelindustrie. In mehr als zwei Dritteln der Stellenanzeigen dieser Branchen werden nach wie vor nur Männer gesucht. Immerhin sind seit Beginn der neunziger Jahre heute dreimal so viele Personalinserate geschlechtsneutral formuliert. In den Bereichen Personal, Rechtsabteilung und Finanzen werden „nur" noch zu knapp 30 Prozent ausschließlich Männer gesucht.

> *Im Prinzip habe ich als Frau kaum negative rollenspezifische Aspekte erlebt. Natürlich wird man als Frau in einer Führungsposition am Anfang sehr genau beobachtet, man muß sozusagen den Anspruch der 200prozentigkeit erfüllen. À la longue wissen die Menschen, mit denen man zu tun hat, aber sehr genau, daß Autorität nichts mit einem bestimmten Geschlecht zu tun hat.* GERTRAUD KNOLL

Gängige Vorurteile

Daß auch in durchaus intelligenter Umgebung Vorurteile über Gebühr zu finden sind, beweist etwa die Wissenschaft. Auch dort ist die fachliche Qualifikation bei weiten nicht das ausschlaggebendste Kriterium bei der Bewerbung von Forscherinnen. Immer noch funktionieren viele Personalentscheidungen über die „Old Boys-Networks". Immer noch ist der Frauenanteil unter den Professoren sehr niedrig. So sind zum Beispiel in Österreich seit März 1992 225 ordentliche Professoren eingestellt worden, davon lediglich 13 Frauen (5,8 Prozent). Wenn sich der Frauenanteil linear – also im selben Tempo wie bisher – erhöht, wäre die 50-Prozent-Marke erst in 188 Jahren erreicht. Verständlich, daß das den Forscherinnen zu lange dauert und sie mit Nachdruck auf eine Änderung drängen.

Im deutschsprachigen Raum sind in der Wissenschaft traditionelle Rollenbilder noch gang und gäbe: Während Männer in der Wissenschaft als kreativ, kontrolliert, wettbewerbsorientiert beschrieben werden, gelten Frauen nicht selten als aggressiv, emotionell, arrogant und unweiblich. Insbesondere angloamerikanische Wissenschaftlerinnen stellten wiederholt fest, daß in Mitteleuropa immer noch das Bewußtsein fehle, daß Forscher auch weiblich sein können. Es sei zwar relativ leicht für Frauen, auf den unteren wissenschaftlichen Ebenen tätig zu sein. Die Barriere liege dort, wo es um unbefristete Verträge geht. Viele Frauen, die in der Wissenschaft Karriere gemacht haben, meinen, sie hätten es nur geschafft, indem sie sich an die Männerwelt angepaßt haben. Was heißt, auch an Abenden oder an den Wochenenden zur Verfügung zu stehen oder jederzeit auf Dienstreise geschickt werden zu können.

Wahrscheinlich haben es Singles leichter in Sachen Karriere, sie haben aber höchstwahrscheinlich auch ein weniger ausgefülltes Leben. Für eine Frau ist es natürlich um einiges schwieriger, Karriere zu machen, einfach deshalb, weil sie mit Mehrfachbelastungen fertig werden muß.
Um Karriere und Familienleben unter einen Hut zu bringen, braucht man einen toleranten Partner und viel Disziplin. Das Familienleben sollte die funktionierende Basis sein – so daß man sich freuen kann, nach Hause zu kommen. Es ist unheimlich wichtig, wenn man zwischendurch auch einmal abschalten kann. Ich persönlich bin sehr froh, diesen Weg gegangen zu sein. AGNES HUSSLEIN

Jobs mit Perspektiven

Qualifikation lohnt sich. In folgenden Berufen haben Frauen gute Chancen, in Toppositionen zu kommen:
Führungskräfte in Verwaltung, Industrie und Geldwesen
Handelsvertreter, Werbefachleute
Rechtsberater, Geistes- und Sozialwissenschaftler
Technisch-naturwissenschaftliche Fachkräfte
Lehrer, Erzieher
Medizinische Fachkräfte
Buchhalter, Controller

Berufe der maschinellen Metallbearbeitung
Künstler, Publizisten, Sportler
Verwaltungsfachkräfte

Quelle: trend

Tips für den Wiedereinstieg

Frauen, die nach kinderbedingter Pause wieder in den Beruf einsteigen wollen, haben es in der Regel noch schwerer, Karriere zu machen: Soll der Berufserfolg wegen der lieben Kleinen keinen Knacks bekommen, so empfiehlt es sich, die Babypause nicht zu lange werden zu lassen. Gerade in Spitzenpositionen oder bei Jobs, um die es ein großes „Gerangel" gibt, sollten Sie nach Möglichkeit nicht länger als einige Monate von der Firma wegbleiben. Wer die Karenzzeit bis zur Gänze ausschöpft, wird es sehr schwer haben, im Betrieb am Ball zu bleiben.
Geht es aber – aus welchen Gründen auch immer – nicht anders und ist der Job womöglich weg, dann können Kurse für Wiedereinsteigerinnen die Rückkehr in den Beruf erleichtern. Angeboten werden sie beispielsweise in magistratischen Zentren zur beruflichen Frauenförderung. Auch die Arbeitsämter organisieren solche Kurse, häufig in Zusammenarbeit mit Volkshochschulen. Vermittelt werden dabei berufsbezogene Inhalte, EDV-Kurse, Persönlichkeitstraining, Bewerbungsstrategien und Praxiswissen aus dem beruflichen Alltag. Direkt fachspezifische Weiterbildungskurse bieten zudem die regionalen Wirtschaftskammern an. Ebenfalls wichtig: Bei Bewerbungsgesprächen müssen Frauen mit Kindern nach wie vor mit der Frage „Wer kümmert sich um Ihren Nachwuchs, während Sie im Job sind?" rechnen. Achten Sie also darauf, daß Ihr Kind in einem Kindergarten, einer Ganztagsschule oder einem Hort gut versorgt ist.

Die Berufswahl

Die Frage der Berufswahl ist eine der entscheidensten für das weitere Leben und gleichzeitig eine der schwersten: Vielen Jugendlichen, aber auch Jobumsteigern fehlt es am nötigen Detailwissen oder Überblick, um eine Entscheidung zu treffen. Wer keine Verwandten oder Bekannten hat, die ihm dabei zur Seite stehen, befindet sich nicht selten auf verlorenem Posten. Die Berater der Arbeitsämter wiederum sind für die Aufgabe, Ratsuchenden den Weg ins Berufsleben zu erleichtern, alles andere als gut gerüstet. Viele Jugendliche, die nach dem richtigen Beruf suchen und beim Arbeitsamt nachfragen, verlassen es ebenso ratlos wieder.
Die wenigen Fachkräfte sollen eine Vielzahl von Beratungsgesprächen führen, was sich dementsprechend auf deren Qualität auswirkt. Um ins Detail zu gehen, bleibt meist keine Zeit. Im Idealfall sollten die Berater auch über Ausbildungswege und Strukturmerkmale der Berufe Bescheid wissen, finanzielle Förderungsmöglichkeiten kennen und Trends und Chancen auf dem Arbeitsmarkt bewerten können. Dazu stehen ihnen zahlreiche Informationsschriften zur Verfügung, die aber teilweise schon wieder überholt sind.

> *Bei der Berufswahl muß man ähnlich vorgehen wie bei der Wahl des Partners. Es muß prickeln, und man darf sich bei der Entscheidung nicht durch Oberflächlichkeiten oder vom Geld leiten lassen. Ein Kribbeln im Bauch, eine gewisse Nervosität und der Drang, in eine bestimmte Richtung zu gehen, sind dabei unbedingt notwendig.*
>
> ATTILA DOGUDAN

Die Aktualität des Zahlen- und Datenmaterials läßt zu wünschen übrig, die zugrundeliegenden Statistiken, die wichtige Trends in einzelnen Wirtschaftszweigen und Berufsgruppen dokumentieren sollen, sind oft unaktuell. Das Aktualisieren braucht seine Zeit: Nicht die Anforderungen des Marktes, sondern die Bedingungen der Bürokratie bestimmen das Tempo. Ein weiteres Manko der Berufsberatung ist, daß die komplexen Wandlungsprozesse im Berufsleben nur ansatzweise berücksichtigt werden. Ausbildungs- und Arbeitsplatzprofile klaffen immer weiter auseinander. Was man mit einzelnen Ausbildungsgängen wirklich einmal anfangen können wird, zeigt erst die Praxis mit jahrelanger Verspätung.

> *Jeder sollte das tun, was ihm am meisten Spaß macht, und nicht Dinge, die ihm vielleicht aufgezwungen werden. Grundvoraussetzung für den Erfolg ist zu wissen, was ich will. Dazu muß ich mir zuerst beantworten, was ich vom Leben erwarte, wie ich Beruf und Privatleben miteinander verbinden kann. Ich muß mich fragen: Will ich oder möchte ich? Bei zweiterem sind die Erfolgschancen mit einem Fragezeichen versehen.* KARLHEINZ ESSL

Auch der Test in diesem Buch (siehe Seite 70 ff.) bietet natürlich keine Garantie für berufliche Zufriedenheit und Aufstiegschancen. Er kann auch nicht ein ausführliches Beratungsgespräch ersetzen. Vielmehr handelt es sich um eine Erhebung der grundsätzlichen Fähigkeiten und des individuellen Status quo, in dem sich die Testperson gerade befindet. Das ist wichtig: Denn Sie können auch in Branchen und Tätigkeitsbereichen, die nicht als übermäßig aussichtsreich gelten, aufgrund Ihrer speziellen Fähigkeiten durchaus Chancen haben.

Ein eher introvertierter Mensch tut sich beispielsweise schwer, auf andere zuzugehen. Er wird folglich als Verkäufer immer eine unglückliche Figur abgeben und weniger erfolgreich sein als ein extrovertierter Typ. Kommunikative, mitteilungsfreudige Menschen dagegen können auf Dauer nicht effizient allein arbeiten.

Für jeden Beruf sind andere Fähigkeiten wichtig. Von Datenverarbeitungskaufleuten erwarten die Unternehmen, daß sie in Zusammenhängen denken, sich schnell auf wechselnde Aufgaben einstellen, planen und organisieren können. Dagegen muß der EDV-Experte nicht unbedingt treffend formulieren können.

Wichtig ist diese Fähigkeit aber für alle, die andere beraten wollen. Ein Sozialversicherungsfachangestellter beispielsweise muß mit Menschen umgehen können, Takt und Einfühlungsvermögen besitzen und teamfähig sein. Von Rechtsanwalts- und Notargehilfen fordern die Unternehmen vor allem Verschwiegenheit und Takt. Fazit: Mensch und Job müssen zusammenpassen. Wer sich zu einem bestimmten Beruf besonders hingezogen fühlt, sollte diesen daher nach entsprechender Beratung und reiflicher Überlegung auch ergreifen.

Die entscheidenden Kriterien bei der Berufswahl sollten nach wie vor Spaß und Freude sein. Wenn das nötige Interesse vorhanden ist, kommt alles andere automatisch. Wenn man sich nur vom Geld leiten läßt, ist das der Anfang vom Ende: Solche Leute werden dann die schlechtesten Anwälte, Ärzte und Manager.

MICHAEL GRABNER

Erfolg für alle

Der folgende Berufsneigungstest wurde in Zusammenarbeit mit dem Wiener Wirtschaftspsychologen Othmar Hill erarbeitet. Seit mehr als einem Jahr versucht er seine jahrzehntelange Erfahrung auf dem Gebiet der Personal- und Managementberatung mittels eines eigenen Karriereclubs einer breiteren Öffentlichkeit zugänglich zu machen. Dort können erfolgsorientierte Menschen mit Hilfe psychologischer Tests mehr über ihre beruflichen Neigungen erfahren. Dabei geht es – so wie im folgenden Test – um die Entdeckung und Förderung der eigenen Talente. Motto: Wer über seine Fähigkeiten Bescheid weiß, kennt seine Stärken und gewinnt Selbstvertrauen. Die ermittelten Daten betreffen Persönlichkeit, Fähigkeiten, Berufsinteressen sowie Leistungs- und Konzentrationsfähigkeit und geben so detaillierten Aufschluß über Stärken und Schwächen der Testpersonen.

In erster Linie geht es um Hilfe zur Selbsthilfe. Orientierungen werden gegeben, die daraus folgenden Entscheidungen muß jeder aber selbst treffen. Traumjobs werden nicht auf einem Silbertablett serviert, es werden jedoch mögliche Berufslaufbahnen und Ausbildungswege gezeigt, die direkt zum Ziel der Wünsche führen können.

Wenn Sie Ihren Traumberuf noch nicht gefunden haben, nach Berufsalternativen suchen, Ihr derzeitiger Beruf Sie nicht ausfüllt oder Sie nur neugierig sind, welche Berufe Ihnen am besten entsprechen, laden wir Sie ein, diesen „kleinen" Berufsfindungstest durchzuführen.
Der Fragebogen gibt Aufschluß über Ihre Persönlichkeit und Ihren bevorzugten Tätigkeitsstil, er enthält Fragen zum Allgemeinwissen und zum logischen Urteilsvermögen. Die Auswertung des Tests kann eine grundsätzliche Richtung innerhalb von 140 wichtigen Berufen vorgeben.

> *Die Freude am Beruf ist der zentrale Gradmesser, ob ein Mensch in der Position, in der er tätig ist, richtig ist oder nicht. Wenn das nicht der Fall ist, dann sollte er an einen Wechsel denken, sich selbst und den anderen zuliebe. Oder zumindest darüber nachdenken, warum er keinen Spaß in seinem Beruf hat. Vielleicht handelt es sich auch nur um Abnützungserscheinungen und Dinge, die zu korrigieren sind.* GERTRAUD KNOLL

Lesen Sie bitte die folgenden Aussagen und Fragen durch, und kreuzen Sie die für Sie „richtige" Alternative an. Nur eine Antwort ist möglich. Bei einigen Fragen gibt es keine Antwortalternativen, hier muß die richtige Lösung selbst angegeben werden.

1. Ich würde lieber leben wie . . .
   a) ein weiser Eremit b) ein Fernsehprediger
2. Welcher UN-Sekretär starb bei einem Flugzeugabsturz?
   a) U Thant b) Hammerskjöld
   c) Lumumba d) Perez de Cuellar
3. Durch welche Zahl läßt sich diese logische Reihe fortsetzen?
   9 4 16 5 25 6 __?
4. Ich habe . . .
   a) einen großen Freundeskreis b) wenige, aber gute Freunde

5. Ich schätze . . .
   a) körperliche Anstrengung b) Denksportaufgaben

6. Wo befindet sich die Eremitage?
   a) Leningrad b) Paris c) London d) Madrid

7. Durch welche Zahl läßt sich diese logische Reihe fortsetzen?
   3 9 6 12 9 15 __?

8. Durch welche Zahl läßt sich diese logische Reihe fortsetzen?
   40 21 42 24 48 31 62 __ ?

9. Wie heißt die Hauptstadt von Libyen?
   a) Beirut b) Bagdad c) Teheran d) Baku e) Tripolis

10. Ich würde lieber . . .
    a) neue Theorien entwickeln
    b) schöne Dinge herstellen oder gestalten

11. Ich genieße es, . . .
    a) mit niemandem reden zu müssen
    b) viele Menschen um mich zu haben

12. Durch welchen Buchstaben läßt sich die logische Reihe fortsetzen?
    d i b c h a __?

13. Ich bevorzuge eine . . .
    a) geistige Tätigkeit b) körperlich/handwerkliche Tätigkeit

14. Wie hieß die Mutter des Ödipus?
    a) Athene b) Iokaste c) Xanthippe
    d) Olympia e) Penelope f) Antigone

15. Auf Veranstaltungen halte ich mich lieber . . .
    a) im Mittelpunkt des Interesses auf b) im Hintergrund auf

16. Durch welchen Buchstaben (bzw. Buchstabengruppe) läßt sich die logische Reihe fortsetzen?
    bc ed gh ji lm on qr __?

17. Ich möchte lieber . . .
    a) ein Schriftstück erstellen b) ein Werkstück anfertigen

18. Die „Everglades“ in Florida sind
a) ein Seengebiet b) eine Gebirgskette
c) eine Sumpflandschaft d) eine Wüstenlandschaft

19. Ich wäre lieber . . .
a) Schauspieler b) Forscher

20. Ich möchte lieber . . .
a) mit Freunden auf ein Fest gehen
b) einen gemütlichen Abend zu Hause verbringen

21. Ich würde lieber . . .
a) ein Bühnenbild gestalten b) ein Drehbuch schreiben

22. Was ist ein Barett?
a) Schwert b) Adelstitel
c) Gewichtsmaß d) Kopfbedeckung

23. Ich würde mir lieber mehr. . .
a) theoretisches Fachwissen aneignen
b) manuelle Fertigkeiten aneignen

24. Durch welchen Buchstaben (bzw. Buchstabengruppe) läßt sich diese logische Reihe fortsetzen?
r p o m l j i __?

25. Welcher der folgenden europäischen Staaten ist am größten?
a) Schweden b) Frankreich c) Spanien
d) Ukraine e) Deutschland

26. Wie wird ein Körper, der Elektrizität nicht leitet, bezeichnet?
a) Halbleiter b) Elektrode c) Isolator d) Reflektor

27. Neue Menschen kennenzulernen, finde ich . . .
a) anstrengend b) interessant

28. Als Geburtstagsgeschenk für einen lieben Freund würde ich lieber . . .
a) etwas basteln oder malen b) etwas schreiben

29. Durch welchen Buchstaben läßt sich die logische Reihe fortsetzen?
k m lnp q su rtv w __?

30. Andere Menschen bezeichnen mich als . . .
a) lebendig b) ruhig

31. Wer begründete die Anthroposophie?
a) Steiner b) Machiavelli c) Montessori d) Piaget

32. Bei einem Treffen mit Freunden unterhalte ich mich am liebsten . . .
a) nur mit einer Person b) mit allen Personen

33. Durch welche Zahl läßt sich diese logische Reihe fortsetzen?
9 10 12 16 24 40 72 _?

34. Ich beschäftige mich lieber mit Aufgaben, . . .
a) bei denen man viel nachdenken und überlegen muß
b) die manuelle Geschicklichkeit herausfordern

35. Wer war der Erfinder des Flaschenzuges?
a) Aristoteles b) Sokrates c) Archimedes d) Platon

36. Durch welchen Buchstaben (bzw. Buchstabengruppe) läßt sich die logische Reihe fortsetzen?
df egi hj km lnp oq rt _?

37. Meine Gedanken und Gefühle äußere ich meist . . .
a) zaghaft b) heftig

38. Ich interessiere mich mehr für . . .
a) Sport b) Wissenschaft

39. Ich bevorzuge:
a) etwas zusammenbauen oder montieren b) etwas analysieren

40. Durch welche Zahl läßt sich diese logische Reihe fortsetzen?
41 14 15 24 6 7 16 _?

Ich bin beruflich immer in die eine Richtung gegangen. Mein Firmpate hat meine Neigungen schon erkannt, als ich zehn Jahre alt war, und mir einen wichtigen Anstoß gegeben. Ich habe mich immer mit Tieren umgeben, und wenn ich das Gymnasium nicht geschafft hätte, dann hätte ich eben eine Tierzucht oder eine Tierhandlung aufgemacht.

HELMUT PECHLANER

Auswertung

Wenn Sie alle Fragen beantwortet haben, können Sie nun Ihre Punktezahl für die vier Skalen ermitteln. Vergleichen Sie für jede Frage Ihre gewählte Antwort mit der in der Auswertungstabelle eingetragenen Antwort. Für jede Übereinstimmung erhalten Sie einen Punkt, bei keiner Übereinstimmung werden 0 Punkte verrechnet.

Für jene Aussagen, die den Skalen Extroversion-Introversion (EI) und geistige-körperliche Tätigkeit (GK) zugeordnet sind, bedeuten 0 Punkte (also keine Übereinstimmung) keine „falsche" Antwort und 1 Punkt keine „richtige" Antwort. Dies heißt lediglich, daß Sie sich als eher introvertiert oder eher extrovertiert beschrieben haben.

Zählen Sie nun für jede Skala – AW steht für Allgemeinwissen, LD für logisches Denken – alle 1-Punkt-Antworten zusammen, und tragen Sie das Ergebnis in der letzten Zeile „Skalengesamtwert" ein.

Auswertungstabelle

Nr.	E	GK	AW	LD	Nr.	E	GK	AW	LD
1	b)				21		b)		
2			b)		22			d)	
3				36	23		a)		
4	a)				24				g
5		b)			25			d)	
6			a)		26			c)	
7				12	27	b)			
8				46	28		b)		
9			e)		29				ya
10		a)			30	a)			
11	b)				31			a)	
12				b	32	b)			
13		a)			33				136

14			b)		34		a)		
15	a)				35			c)	
16				ts	36				suw
17		a)			37	b)			
18			c)		38		b)		
19	a)				39		b)		
20	a)				40				7
	Persönliche Skalengesamtwerte:								

Nun suchen Sie in der Berufliste alle für Sie passenden Berufe heraus. Dies funktioniert folgendermaßen:
Zur besseren Orientierung übertragen Sie Ihre persönlichen Skalengesamtwerte in die erste Zeile der Berufsliste.
In der Berufsliste ist für jeden Beruf durch zwei Zahlen je Skala ein Intervall durch eine Unter- und eine Obergrenze angegeben. Wenn Ihr persönlicher Skalengesamtwert in diesem Intervall (einschließlich der Grenzwerte) liegt, dann besitzen Sie die für diesen Beruf benötigte Ausprägung der Skala. Wenn alle vier persönlichen Skalengesamtwerte in den angegebenen Intervallen liegen, dann können Sie diesen Beruf in der Spalte PB (passender Beruf) kennzeichnen.
(Wenn Ihre Skalenwerte z. B. 2 – 7 – 7 – 9 betragen würden, dann wäre Architekt ein passender Beruf, aber nicht z. B. AHS-Lehrer, denn hier würden die Werte für Skalen GK, AW und LD im Intervall liegen, aber für die Skala E würde der Wert 2 nicht in das Intervall 7 bis 10 fallen.)

Jobeinsteiger sollten nicht von Beginn an ans große Geld denken, sondern sich mit möglichst vielen unterschiedlichen Dingen beschäftigen. Letztlich ist es die Vielfalt, die siegt. VERA RUSSWURM

Berufsliste

PB	Persönliche Skalengesamtwerte:								
PB	Berufe	EI		GK		AW		LD	
	Agraringenieur	1	4	2	7	3	7	1	6
	AHS-Lehrer	7	10	7	10	7	10	5	10
	Animateur	7	10	1	6	3	6	2	5
	Architekt	1	6	5	8	5	9	8	9
	Arzt	6	10	6	9	7	10	1	7
	Autoverkäufer	7	10	3	6	3	6	1	4
	Bäcker	1	3	1	2	1	3	1	2
	Bandagist	3	7	1	5	1	4	1	1
	Bankangestellter	3	8	6	9	3	6	5	8
	Bauingenieur	1	4	3	8	3	6	5	8
	Bautechnischer Zeichner	1	4	3	6	3	6	6	9
	Berufsoffizier	3	8	2	5	2	6	1	4
	Betriebs- und Wirtschaftsinformatiker	1	7	7	10	6	9	7	10
	Betriebswirt	2	8	6	10	6	10	8	10
	Bibliothekar/Archivar	1	4	7	10	7	10	4	8
	Bildhauer	1	5	1	3	2	5	1	3
	Biochemiker	1	4	5	9	7	9	8	10
	Biologe	1	4	9	10	7	10	7	9
	Buchhalter	1	4	6	8	3	7	5	8
	Buchhändler	4	8	7	10	6	9	1	4
	Buchprüfer/Wirtschaftsprüfer	2	6	5	9	3	6	5	9
	Büchsenmacher	1	3	1	4	2	4	2	4
	Bühnen-/Kostümbildner, Dekorateur	2	5	4	6	2	6	1	2
	Bürokaufmann	3	8	5	10	4	8	2	5
	Chemiker	2	6	4	8	2	9	7	10
	Conférencier/Moderator	8	10	3	8	6	9	2	6
	Controller	4	8	7	10	5	8	6	10

	Diätassistent/Gesundheitsberater	4	8	4	7	4	8	3	7
	Dipl. Krankenschwester	5	8	2	6	4	8	3	7
	Dipl. med.-technischer Assistent	2	7	3	7	3	7	4	8
	Diplomat	8	10	6	9	8	10	4	8
	Dolmetscher	6	9	5	9	7	10	2	6
	Einzelhandelskaufmann	3	8	4	7	3	6	2	5
	Elektrotechniker	1	7	3	7	3	6	7	10
	Entwicklungshelfer	5	8	4	8	7	10	3	6
	Erzieher	6	9	4	8	5	9	3	7
	Fahrradmechaniker	1	7	3	6	2	5	3	7
	Familienberater	6	10	7	10	3	7	3	7
	Feinmechaniker	1	7	4	8	3	5	5	8
	Fleischer	4	8	1	3	1	3	1	3
	Flugbegleiter	6	8	2	6	3	7	8	10
	Flugzeugbautechniker	3	7	3	8	3	7	8	10
	Förster	1	5	2	5	3	6	2	6
	Fotograf	4	7	3	7	3	6	3	6
	Fremdenführer	8	10	3	8	4	8	3	6
	Friseur	5	8	1	3	2	4	1	2
	Gärtner	1	5	1	2	1	3	1	3
	Installateur	3	7	1	4	2	5	2	5
	Genetiker	1	4	9	10	6	10	8	10
	Geologe	1	4	5	8	6	10	7	9
	Glaser	1	5	1	3	1	3	1	3
	Goldschmied, Juwelier	1	7	3	6	4	7	3	6
	Grafiker	3	8	3	6	2	5	4	7
	Handelsvertreter	8	10	3	7	3	7	2	6
	Schneider	1	7	1	3	1	3	1	3
	Hotelkaufmann	5	9	4	8	5	8	5	8
	Industrialdesigner	3	7	5	10	3	7	7	10
	Informatiker	1	7	7	10	3	7	9	10

	Instrumentenerzeuger	2	5	3	7	3	6	2	5
	Musiker/Sänger	3	10	2	7	2	6	1	5
	Journalist	5	9	5	8	6	10	3	7
	Jurist	3	6	7	10	7	10	5	8
	Kellner	5	8	3	6	1	3	1	3
	Kraftfahrzeugmechaniker	1	4	1	3	1	3	4	7
	Kriminalbeamter	3	7	3	7	3	6	7	9
	Kulturtechniker	2	8	5	9	7	10	7	9
	Kunststofftechniker	2	7	5	8	4	8	7	10
	Kürschner	1	7	3	7	4	7	2	6
	Landwirt	1	4	1	5	5	8	2	6
	Lebensmittel- und Gärungstechnologe	3	7	7	10	4	8	7	9
	Dipl. Logopäde	4	7	5	8	4	7	4	7
	Maler und Anstreicher	1	7	1	3	1	3	1	3
	Manager	7	10	7	10	8	10	6	10
	Marketingleiter/-assistent	6	9	7	9	5	8	5	8
	Markt- und Meinungsforscher	7	10	5	8	6	9	4	7
	Maschinenbauer	3	7	5	8	4	7	7	10
	Masseur	3	8	1	5	3	8	1	5
	Materialwirtschafter/Logistiker	3	7	3	7	3	7	7	10
	Mathematiker	1	5	8	10	3	6	9	10
	Maurer	3	7	1	3	1	3	1	4
	Meteorologe	3	7	6	9	4	7	6	8
	Modedesigner	3	8	3	8	2	4	1	3
	Musiktherapeut	4	7	4	7	4	7	4	7
	Nachrichtentechniker	3	7	4	7	4	7	7	9
	Ökologe	4	7	5	8	6	9	5	9
	Optiker	2	7	3	6	2	5	4	7
	Personalleiter	5	8	5	8	5	8	5	8
	Pharmazeut/ Apotheker	2	7	6	9	3	7	5	8
	Philosoph	1	7	8	10	5	9	4	7

	Physiker	2	7	8	10	5	8	8	10
	Pilot	3	6	5	9	5	8	9	10
	Politologe	3	9	6	9	6	9	5	8
	Pressereferent/PR-Berater	4	8	5	8	6	9	4	7
	Psychologe	3	8	4	8	4	7	5	8
	Rauchfangkehrer	1	3	1	4	1	4	1	4
	Rechtsanwalt	2	7	6	9	6	9	4	7
	Regisseur	2	7	4	8	5	8	4	7
	Reiseleiter	6	9	4	7	6	9	2	5
	Restaurateur	1	7	1	5	4	8	2	6
	Richter	3	6	7	10	6	9	5	8
	Schauspieler	7	10	3	8	5	9	2	5
	Schiffbauer	3	7	4	7	5	8	6	10
	Schlosser	1	7	1	4	1	3	2	5
	Schönheitspfleger/Kosmetiker	4	7	2	5	1	3	1	3
	Schriftsteller	1	7	8	10	8	10	1	5
	Sekretärin	3	6	5	8	5	8	5	8
	Sozialarbeiter	5	8	3	7	4	8	2	5
	Spediteur	4	6	3	7	4	6	7	9
	Spengler	1	7	1	3	1	3	1	3
	Sportlehrer	3	7	1	5	1	5	2	5
	Statistiker	1	4	8	10	1	5	8	1
	Steinmetz	1	7	1	3	1	3	1	3
	Steuerberater	3	7	4	7	6	9	5	8
	Systemanalytiker	3	6	6	9	1	5	8	10
	Tagesmutter	3	7	4	7	4	7	2	5
	Tänzer	1	7	2	7	1	5	1	5
	Tapezierer	1	7	1	3	1	3	2	5
	Technischer Kaufmann	3	7	3	7	2	5	4	8
	Technischer Zeichner	1	7	5	8	1	3	5	8
	Textildesigner	1	7	3	6	2	5	4	7

	Theaterwissenschaftler	1	5	7	10	7	10	2	5
	Tierarzt	2	7	4	7	4	7	5	8
	Tierpfleger	2	7	1	4	2	5	1	4
	Tischler	1	7	1	4	1	3	4	7
	Tourismuskaufmann	3	7	4	7	4	7	3	6
	Uhrmacher	1	7	4	7	1	3	3	6
	Unternehmer	4	8	5	8	5	8	5	8
	Verkaufsleiter	5	9	4	7	4	7	5	8
	Verkehrsplaner	3	7	4	7	5	8	5	8
	Vermessungstechniker	2	6	4	7	3	6	6	9
	Versicherungsangestellter	4	6	5	8	3	6	5	8
	Vertriebsleiter	6	10	6	9	5	8	3	7
	Wissenschaftler	1	7	8	10	5	8	8	10
	Wagner/Karrosseriebauer	1	7	3	6	1	3	4	7
	Werbefachmann	4	8	4	8	5	8	3	6
	Werkzeugmacher	1	7	2	6	1	3	4	7
	Wirtschafts-/Unternehmensberater	5	8	7	10	8	10	7	10
	Wirtschaftsingenieur	4	8	5	8	7	10	7	10
	Zahntechniker	1	7	2	5	1	3	4	7
	Zimmerer	1	7	1	3	1	3	2	5
	Zoologe	1	7	4	7	4	7	3	6

Sollten Sie unter den ausgewählten 140 Berufen Ihren nicht gefunden haben, können Sie sich dennoch über verwandte Berufsbilder von für Sie passenden Jobs informieren.
Sicher sind bei den für Sie passenden Berufen sehr unterschiedliche Berufsgruppen vorhanden, die Sie nun durch Hinzunahme weiterer Kriterien selektieren könnten. Denn natürlich müssen für eine gute Berufsentscheidung viel mehr Faktoren als die 40 hier herangezogenen berücksichtigt werden. Dieser Berufsfindungstest ist kein wissenschaftlich geprüftes Verfahren. Langjährige Erfahrung sowohl in der Personalauswahl und in der Berufs- und Karriereberatung zeigen jedoch, daß schon die objektive Be-

rücksichtung weniger Faktoren in der Regel zu mehr Klarheit und einem breiteren Blickfeld führt.

Spaß und Erfüllung sollten die Hauptkriterien sein. Wer Karriere machen will, muß auch bereit sein, mehr als die übliche Arbeitszeit zu absolvieren. Oft sind zehn oder zwölf Stunden notwendig, weshalb man auch Lust darauf haben sollte. BRITTA STEILMANN

Grundsätzlich ist für die Auswertung des Berufsfindungs-Tests zu sagen, daß die Punkteanzahl in den einzelnen Bereichen (Extroversion-Introversion, geistig-körperliche Tätigkeit, Allgemeinwissen, logisches Denken) keine Bewertung im Sinne von gut oder schlecht darstellt. Ein hoher Wert sagt lediglich aus, daß die Testperson im speziellen Bereich eine besondere Begabung hat, und ein niederer, daß die individuelle Veranlagung eben woanders liegt.

Jemand, der beispielsweise betont extrovertiert ist und gerne im Mittelpunkt steht, sollte daher eher einen Beruf ergreifen, bei dem er viel mit Menschen zu tun hat. Introvertierten Personen dagegen ist von derartigen Jobs eher abzuraten, weil sie lieber aus dem Hintergrund agieren und sich dabei wesentlich wohler fühlen. Für extrovertierte Zeitgenossen ist das Dasein als Buchhalter eine Qual, für einen introvertierten nicht. Menschen mit einem hohen geistigen Quotienten wiederum sollten eine Tätigkeit auswählen, bei der sie intellektuell gefordert sind, geistige Anregungen erhalten und nicht zu sehr in ein fixes Schema gepreßt werden. Und körperorientierte Menschen werden mit Garantie ihre berufliche Erfüllung bei einer Beschäftigung finden, bei der sie gelegentlich auch ihren Körper spüren, beispielsweise als Handwerker oder auch als Künstler.

Ein großes Allgemeinwissen ist ein Symptom, daß jemand viel liest, neugierig ist, sich mit den unterschiedlichsten Dingen beschäftigt und das innere Bedürfnis hat, sich weiterzuentwickeln. Weshalb für diese Personen Berufe, die nach außen orientiert sind und sich regelmäßig neuen Verhältnissen anpassen, optimal sind. Menschen wiederum, die über eine ausgeprägte Fähigkeit zum logischen Denken und über einen Hang zur Mathematik verfügen, sind besonders für die klassischen naturwissenschaftlichen und technischen Berufe geeignet. Ist diese Fähigkeit dagegen niedriger ausgeprägt, so liegt die Veranlagung dieser Menschen eher im sprachlichen Bereich.

Geänderte Anforderungen

Die gewaltigen Umwälzungen, die derzeit Gesellschaft und Arbeitswelt laufend verändern, wirken sich auf die einzelnen Berufsbilder aus. Auch die Anforderungen an die einzelnen Arbeitnehmer sind ständigen Anpassungsprozessen unterworfen. So haben etwa autoritäre Einzelkämpfer in Zeiten der wirtschaftlichen Vernetzung ausgedient.

> *Wichtig sind Fleiß, Kreativität sowie Beharrungs- und Durchstehvermögen. Wer inflexibel ist, keine Improvisationsgabe besitzt und sich nur ein schönes Leben machen möchte, ist für einen Medienberuf ungeeignet.* MICHAEL GRABNER

Wer sich in Zukunft an der Spitze eines Unternehmens bewähren will, muß neben fachlicher Kompetenz vor allem einen Hang zum Menschlichen in seine Position einbringen. „Man darf auch von anderen nicht mehr verlangen, als man selbst zu geben bereit ist", sagt Karlheinz Essl, für den neben einem guten Lehr- oder Studiumabschluß Fleiß, Engagement und der Wille, etwas erreichen zu wollen, nach wie vor die wichtigsten Voraussetzungen für eine erfolgreiche Berufslaufbahn sind. Führungskräfte, die auch weiterhin in traditionellen Verhaltensmustern verharren und erreichte Positionen ohne Rücksicht auf Unternehmen oder Markterfordernisse mittels hierarchischer Autorität verteidigen wollen, haben mit Sicherheit ausgedient. Für Managementberater sind derartige Verhaltensweisen vor allem Ausdruck eines unkooperativen Arbeitsstils, der nicht mehr in unsere Zeit paßt.

Da die sozialen und Selbstentfaltungsbedürfnisse der Mitarbeiter steigen, brauchen sie andere Manager als jemand, der sich ausschließlich an monetären Anreizen orientiert. Vom Chef des neuen Jahrtausends wird erwartet, daß er individuelle Leistungen anerkennt und verborgene Talente fördert und der emotionellen Komponente mehr Platz einräumt. Der Boß muß sich auf jene, für die er verantwortlich ist, zumindest zum Teil auch gefühlsmäßig einlassen. „Neben der entsprechenden fachlichen Ausbildung ist vor allem die Liebe zum Menschen wichtig. Sowie die Bereitschaft, sich selbst auch immer verändern zu wollen", so Gertraud Knoll zum Management im Sozial- und Non-profit-Bereich. Eine Aussage mit allgemeiner Gültigkeit: Überall ist es gleich schwierig, ein Gleichgewicht zwischen täglicher Routine mit ausuferndem Verwaltungsaufwand und inhaltlichen Ansprüchen aufrechtzuerhalten und gleichzeitig für die Menschen – sprich Kunden und Mitarbeiter – dazusein: „Es ist sozusagen nicht sehr einfach, flexibel ausgebucht zu sein."

> *Jeder einzelne Mitarbeiter wird sich künftig noch mehr als eigene Persönlichkeit einbringen müssen. Dienstleistung mit Herz ist die Devise der Zukunft. Jede Art von Individualität ist daher gefragt. Aufgrund der wachsenden Internationalität steigt die Vergleichbarkeit, die Anforderungen an die Mitarbeiter werden größer.*
>
> ELISABETH GÜRTLER

Manager mit Format müssen einen Riecher für Trends haben, Begeisterung und Motivation in die Aufgabe einbringen und diese auch ihren Mitarbeitern vermitteln können. Die Ära der abgehobenen Leithammel geht definitiv zu Ende. Im dritten Jahrtausend wird ein strategisch agierender Coach an der Spitze des Unternehmens stehen. Seine Aufgabe wird es sein, die Schlüsselfunktionen des Unternehmens herauszuarbeiten, deren Ausbau zu forcieren und auf Stärken wie Flexibilität sowie Qualität zu setzen.
Aber auch das Selbstverständnis vieler untergeordneter Berufe – zum Beispiel das des klassischen Frauenberufs, der Sekretärin – ist einem massiven Wandel unterworfen. Aus der Befehlsempfängerin von einst wird zunehmend eine Mitarbeiterin, die Organisations-, Koordinations- und Führungsaufgaben eigenverantwortlich wahrnimmt. Eine Entwicklung, die auch von den Vorgesetzten bestätigt wird. Bei einer Umfrage in den USA erklärten 93 Prozent der befragten Topmanager, daß ihre Sekretärinnen in den vergangenen fünf Jahren deutlich mehr Verantwortung für die Aufgabenerledigung übernommen haben. Nicht ohne Grund, denn was für die nunmehrige Office Managerin eine Bereicherung

ihres Arbeitsalltages darstellt, entlastet gleichzeitig ihren Vorgesetzten.

Das Wichtigste im Leben ist es, mit dem Kopf des anderen zu denken. Bei einem Zoodirektor sind das der Kopf der Tiere, der Mitarbeiter und der Besucher. Bei anderen Berufen sind es jene Menschen, mit denen man ständig zu tun hat. Egal, ob ich Verkäufer, Lehrer oder Anwalt bin, wenn ich das tue, habe ich langfristig viel weniger Probleme.
HELMUT PECHLANER

Die Anforderungen werden künftig noch größer werden. Nicht nur von der Office Managerin der nahen Zukunft werden neben Teamfähigkeit und Flexibilität vor allem Verantwortungsgefühl sowie die Fähigkeit zum selbständigen Agieren erwartet. Perfekte fachliche Fähigkeiten wie Sprachkenntnisse, das Beherrschen der Orthographie und der gekonnte Umgang mit modernen Technologien werden als selbstverständlich angesehen, ebenso deren Perfektionierung durch Weiterbildung. Die Durchstarter sind sich einig, daß heute jeder – unabhängig von seiner Position – mindestens zwei oder drei Fremdsprachen können sollte. Alles, was man sich im Laufe der Zeit bildungsmäßig aneignet, so Attila Dogudan, macht sich irgendwann bezahlt. Denn im Leben würde nichts eins zu eins abgerechnet, und Universalisten faszinierten letztlich mehr als Spezialisten.
Auch Agnes Husslein ist eine Befürworterin einer breiten beruflichen Erfahrungsbasis: „Es empfiehlt sich, die Dinge von der Pike an zu lernen, jedes Detail ist wichtig. Je mehr man sich mit seinem Fach beschäftigt, desto eher wird man mit der Zeit eigene Aspekte und Spezialbereiche herausarbeiten können."

Den Beruf kann man sicher lernen, das heißt, jemand, der gut lernt und sich bemüht, erhält auch sein Diplom. Um ein guter Arzt zu werden, braucht man allerdings noch andere Voraussetzungen – bestimmte soziale und charakterliche Eigenschaften und Begabungen. Ein Chirurg muß auch eine gute Motorik mitbringen und visuelle Vorstellungskraft besitzen, um endoskopische Eingriffe durchführen zu können.
RUDOLF SCHABUS

Startposition Lehre

Auch wenn heute gerne mit Slogans wie „Karriere mit Lehre" geworben wird: Für eine Spitzenlaufbahn im Management ist eine Lehre heute eigentlich kein Weg mehr. Das erklärt nicht nur Martina Pecher, die grundsätzlich für gut hält, ein Handwerk zu lernen. Gute, fleißige Leute, die etwas können, würden immer einen Job haben. Nur Führungspositionen würden ihnen in den meisten Fällen wohl verschlossen bleiben.

> *Das Handwerk hat Zukunft – schon aus dem Grund, weil das heute niemand mehr machen will. Mit Ausnahme vielleicht von Köchen, die gelegentlich wie Künstler bewundert werden, ist das Handwerkerimage auf der sozialen Rangleiter heute zu Unrecht sehr tief unten. Es gibt beispielsweise wenige berühmte Schuster oder Schlosser.*
>
> ATTILA DOGUDAN

Denn in den meisten Branchen müssen sich die Heranwachsenden den schnellen Weg nach oben, der insbesondere im Handel bislang nicht selten noch ohne Matura und ohne Hochschulstudium möglich war, wohl endgültig abschminken. In den Rezessionsjahren, die in der Wirtschaft einen gigantischen Umbruch einläuteten, sind vor allem in der Industrie Management-Ebenen abgebaut und damit Zehntausende Stufen auf der Karriereleiter wegrationalisiert worden. Ältere teure Manager schieden aus, und auf den verbliebenen Positionen sitzen heute relativ junge Mitarbeiter. Auch der Begriff Karriere hat sich gewandelt: Er bedeutet nicht mehr, in möglichst kurzer Zeit nach oben zu kommen, sondern einen Job zu haben, der Zufriedenheit verschafft.

Konzernlaufbahnen nach einem beamteten Karriereprinzip, wo das Aufrücken automatisch passiert, wird es künftig nur mehr vereinzelt geben. Neben der Führungs- und Fachkarriere gewinnt die Projektlaufbahn immer mehr an Stellenwert. In dieser geben nicht Hierarchien den Ausschlag, sondern die Größe der zu lösenden Aufgabe. Ist eine beendet, bekommen die Mitarbeiter je nach ihrer persönlichen Leistung eine neue zugewiesen. Was vor allem die völlige Loslösung von traditionellen Strukturen bedeutet und auch qualifizierten Facharbeitern und Meistern neue Chancen eröffnet.

> *Jeder, der – egal in welcher Branche – Karriere machen möchte, sollte von der Pike an beginnen und zuerst an der vordersten Front seine Erfahrungen machen. Speziell im Handel ist das unumgänglich – deshalb muß auch unser gesamtes Management, einschließlich mir, einmal jährlich für zwei Tage einen Baumarkt führen und dort sämtliche Arbeiten ausführen. Der Kontakt zur Basis ist das Um und Auf.*
>
> KARLHEINZ ESSL

Kontroll- und Beratungsfunktionen, für die früher ein Manager zuständig war, werden heute teilweise dennoch von Absolventen einer Lehrlingsausbildung mit Meisterprüfung wahrgenommen. Speziell im Mittelstand gelten praktische Erfahrungen oft mehr als ein Doktorhut. Eine betriebliche Ausbildung und eine praxisorientierte zusätzliche Qualifikation verschaffen nach wie vor gute Voraussetzungen für Ein- und Aufstieg.

Auch andere Praktiker müssen sich wenig Sorgen machen. Versicherungs- und Grundstückskaufleute, Steuerfachkräfte oder Hebammen sind zwar nicht die Stars in den Stellenanzeigen, aber Jobs finden sie meist problemlos. Und daß das Handwerk gute Zukunftsperspektiven bietet, zeigen zahlreiche Beispiele, wo aus kleinen Gewerbebetrieben große Unternehmen geworden sind.

Im allgemeinen ist der betriebliche Teil der Lehrlingsausbildung in weiten Bereichen aber sehr anachronistisch und entspricht den Erfordernissen der modernen Wirtschaft nur mehr bedingt. So sind etwa Glasgraveur, Glasschleifer und Glasmaler säuberlich getrennte Lehrberufe, ein Hutmacherlehrling ist mitnichten dasselbe wie ein Kappenmacherlehrling, Büchsenmacher und Waffenmechaniker werden keineswegs gemeinsam ausgebildet.

Die Zukunft liegt bei zeitgemäßeren bereichsübergreifenden Berufen, in denen eng verwandte Tätigkeiten, wie etwa jene des Kfz-Mechanikers, des Kfz-Elektrikers und des Karosseurs, zusammengefaßt werden. Bis dato sind sie vor allem auch an den Kleinbetrieben gescheitert, die auf althergebrachter Zünftelei beharren, weil sie sonst unbequemerweise Teile der praktischen Ausbildung aus ihrem Betrieb auslagern müßten.

Eine Lehre kann eine echte Alternative sein – allerdings machen es die Behörden den Unternehmen durch diverse Auflagen sehr schwer in Sachen Lehrlingsausbildung. Viele kleine Traditions-Handwerksbetriebe wie Kunsttischler können unter den heutigen Rahmenbedingungen kaum noch ausbilden oder verzichten deshalb ganz darauf. Auch gibt es innerhalb der EU bezüglich der gegenseitigen Anerkennung von handwerklichen Ausbildungswegen noch viel zu tun. Hinsichtlich seines sozialen Prestiges sollte das Handwerk deutlich aufgewertet werden. MICHAEL GRABNER

In Branchen, in denen in den nächsten Jahrzehnten ein Beschäftigungszuwachs zu erwarten ist – Umwelt- und Biotechnologie, Freizeitwirtschaft und unternehmensbezogene Dienstleistungen –, gibt es dagegen kaum Lehrberufe. Insgesamt wird die bestehende Arbeitswelt auch für die Lehrlinge immer rauher: Vorbei sind die Zeiten, in denen sich Lehrherren um Nachwuchs rauften – auch die Arbeitsplätze für die Jugend sind in den Rezessionsjahren zusammengeschrumpft.
In Österreich betrug etwa die Arbeitslosenrate der Lehrabsolventen Mitte der neunziger Jahre rund acht Prozent – aber nur 3,8 Prozent der Abgänger berufsbildender höherer Schulen (BHS), 3,3 Prozent der AHS-Maturanten und 2,4 Prozent der Akademiker waren ohne Job. Ähnlich auch die Situation in Sachen Bezahlung: Fünf Jahre nach Lehrabschluß liegt das Nettoeinkommen der jungen Facharbeiter bei etwas mehr als 12.000 Schilling (1.700 DM), AHS-Maturanten kommen nach fünf Dienstjahren auf rund 15.000 Schilling (2.150 DM), BHS-Absolventen auf etwa 16.000 Schilling (2.300 DM) und Jungakademiker auf knapp 20.000 Schilling (2.850 DM).

Man muß nicht unbedingt studieren. Das Wichtigste ist, daß man etwas tut, das einem auch Spaß macht. Wenn jemand handwerklich geschickt ist, kann er auch als Restaurator sehr erfolgreich werden. Aber auch für diese Bereiche gilt: sich möglichst viel international

anschauen und sich komplementär weiterbilden. Wer Erfolg haben will, muß geistig offenbleiben und an sich weiterarbeiten.

AGNES HUSSLEIN

Laut einer Untersuchung der Klagenfurter Universität hat gerade die Hälfte der Lehrlinge zwei Jahre nach der Ausbildung einen qualifizierten Job, und auch nur jeder zweite Lehrling würde, könnte er seinen Beruf noch einmal wählen, den erlernten Beruf wieder ergreifen. Während in Deutschland nahezu 25 Prozent der Maturanten eine Lehre antreten, sind es in Österreich von den AHS-Absolventen 2,9 Prozent, bei den berufsbildenden höheren Schulen nur 1,9 Prozent.

Realismus ist jedenfalls notwendig: Auch wenn das Handwerk für tüchtige Fachkräfte mit Know-how nach wie vor goldenen Boden hat, der Traum vom eigenen Betrieb bleibt für die überwiegende Mehrheit der Lehrlinge ein solcher: Nur jeder zwanzigste schafft es, sich später selbständig zu machen. Und auch die innerbetrieblichen Aufstiegschancen sind in den letzten Jahren deutlich gesunken: Wo noch vor kurzem fleißige Lehrlinge auf niedrige Managementpositionen nachrückten, finden sich heute fast ausschließlich Abgänger mittlerer und höherer Schulen. Fazit: Wenn sich jemand zu einer Lehre hingezogen fühlt, dann soll er sie auch machen. Es gilt dabei aber unbedingt, sich weiterführende Qualifikationen zum Beispiel im Bereich Wirtschaft oder Fremdsprachen anzueignen. Je besser die Allgemeinbildung, desto größer auch die späteren beruflichen Möglichkeiten.

Auch wenn jemand Matura/Abitur hat, ist es sinnvoll, eine Lehre samt der nötigen Praxis hinter sich zu bringen. Meine Tochter hat beispielsweise die Handelsakademie absolviert und macht jetzt eine Berufsausbildung im Hilton. Das ist zwar hart, aber sie wird mit Garantie für ihr weiteres Leben davon profitieren. GÜNTHER WÖSS

Die richtige Ausbildung

Trend Fachhochschule

> *Jeder Berufsanfänger sollte eine gute Basisbildung und die Fähigkeit zum logischen Denken besitzen. Für Managementpositionen sind die AHS, Hotelfachschule sowie ausreichende Praxis und Weiterbildungskurse eine notwendige Voraussetzung. Sprachen – am besten Englisch, Französisch und Russisch – kaufmännisches Wissen, Psychologie und pädagogische Fähigkeiten sind zunehmend gefragt.*
>
> ELISABETH GÜRTLER

Die Fachhochschule, die die Kluft zwischen universitärer Ausbildung und Lehre verringern soll, hat sich zum Bildungsrenner entwickelt. Denn zu diesen vorwiegend technisch und kaufmännisch orientierten Studiengängen sind sowohl Maturanten/Abiturienten als auch Nichtmaturanten zugelassen. In ganz Europa boomen die praxisorientierten Ausbildungsformen auf Hochschulniveau schon seit Jahrzehnten. So studiert etwa in Deutschland jeder fünfte Student an einer Fachhochschule, in England wurden die dreißig Jahre alten Polytechnics aufgrund ihres Zulaufes und ihrer Ausbildungsbreite bereits in den Hochschulrang gehoben, in Holland besucht bereits die Mehrheit der Hochschüler eine der „Hogescholen".

In Österreich zeichnet sich eine ähnliche Tendenz ab. Nicht nur, weil das Bedürfnis auf Studentenseite nach einer kürzeren, praxisorientierten und wohl auch stärker geregelten Ausbildungsform stark zunimmt. Da nehmen viele das oftmals eher eingeschränkte Berufsfeld der Lehrgänge gerne in Kauf. Auch die Wirtschaft meldet massive Wünsche an. Hinter den zuletzt 20 Studiengängen steht eine viel größere Anzahl an Vorschlägen. Allein sechs Studiengänge wurden im vergangenen Jahr knapp vor dem offiziellen Antrag nach Anraten des Fachhochschulrats wieder zurückgezogen. Weitere 27 Studiengänge sind bereits fix und fertig eingereicht und harren der Genehmigung, für noch einmal 28 gibt es bereits ein offizielles Aviso. Die Studiengänge dauern durchwegs acht Semester, wobei generell ein Semester Praktikum vorgeschrieben ist.

Latein und Griechisch halte ich für überholt. Lebende Fremdsprachen sind heute wesentlich wichtiger. Ich bin überzeugt, daß die Unis einen Numerus clausus bekommen werden und die Leistungsorientierung in den Schulen allgemein zunehmen wird. Fachhochschulen haben auf jeden Fall eine große Zukunft. AGNES HUSSLEIN

Die Fachhochschulen sind aber keineswegs ein bequemer und kurzer Weg zu akademischen Würden oder eine Alternative für Uni-Abbrecher. Die Bewerbungsverfahren haben es in sich: Viele fühlen sich berufen, aber nur wenige werden aufgenommen. Und diese nur, nachdem sie sich zuvor umfassenden Prüfungen und Qualifikationstests unterzogen haben, die – auch wenn es sich vornehmlich um fachspezifische Fragen handelt – durchaus auf Matura-/Abiturniveau angesiedelt sind.

Die Anforderungen für den Besuch einer Fachhochschule sind auf dem gleichen Niveau wie die für eine Universität, nur die Schwerpunkte sind woanders angesiedelt. Während die Unis vornehmlich die wissenschaftliche Berufsvorbildung bringen, bieten Fachhochschulen praktische Berufsausbildung auf hohem Level. Was vor allem die Wirtschaft freut, die bis dato die mangelnde Praxisnähe der Uni-Absolventen beklagte. Grundsätzlich steht jedem Lehrling, so er eine entsprechend artverwandte Berufsvorbildung und einen guten Notendurchschnitt hat, der Besuch einer Fachhochschule offen. Fast immer aber muß er einige Zusatzprüfungen ablegen. Sind alle Tests bestanden, kann er, ohne jemals eine allgemein- oder berufsbildende höhere Schule besucht zu haben, einen akademischen Grad erwerben. Womit die Lehre wieder ein Stück gesellschaftsfähiger wird.

Berufsanfängern rate ich unbedingt zu einer möglichst guten und raschen Ausbildung. Wenn heute eine Stelle für einen Produktmanager ausgeschrieben ist, dann gibt es dafür garantiert 30 Bewerber.

MARTINA PECHER

Die allgemeinbildende höhere Schule halte ich nicht für so günstig, obwohl ich selbst eine besucht habe. Höhere berufsbildende Schulen sind da schon besser, weil sie gleichzeitig eine spezielle Fachausbildung vermitteln.
Es gibt auch eine Reihe interessanter Kurzlehrgänge, die ebenfalls empfehlenswert sind, beispielsweise im Bereich Tourismus.

VERA RUSSWURM

Auf dem Weg zum Erfolg führt natürlich an einer guten Ausbildung so gut wie nichts vorbei. Wer Anwalt oder Mediziner werden will, braucht spezielles Fachwissen, das er sich in einem jahrelangen Universitätsstudium aneignen muß. Und wer einmal in der Führungsetage eines großen Unternehmens sitzen will, wird in der Regel an einem Wirtschaftsstudium ebensowenig vorbeikommen. Grundsätzlich gilt: Auch wenn menschliche Eigenschaften wie Kommunikations- oder Teamfähigkeit für eine spätere Karriere ebenso wichtig sind, ein Studium bringt doch einiges. Gerade in Zeiten, in denen die Know-how-Vermehrung immer schneller vor sich geht, hat der Ausspruch „Wissen ist Macht" nichts von seiner Aktualität eingebüßt. Eine möglichst gute Ausbildung ist noch immer der beste Schutz vor Arbeitslosigkeit, wie die einschlägigen Statistiken beweisen. Je besser die Qualifikation, desto geringer die Gefahr, einmal ohne Job dazustehen.

Natürlich gibt es immer wieder erfolgreiche Menschen, die es nach dem Motto „Probieren geht über Studieren" geschafft haben. Aber diese sind meist die Ausnahme von der Regel und haben ihre Spitzenpositionen auch nur dadurch erreicht, daß sie sich schon frühzeitig für ein bestimmtes Fachgebiet interessiert haben und dort immer besser geworden sind. Trotzdem oder vielleicht gerade deshalb plädieren auch alle Durchstarter durchwegs für eine gute Ausbildung.

Bestimmte Studienrichtungen mögen auf den ersten Blick zwar bessere berufliche Chancen eröffnen, dennoch sollte jeder das studieren, was ihm am meisten Spaß macht. Erstens hat es keinen Sinn, sich fünf Jahre oder länger durch ein ungeliebtes Fach zu quälen. Und zweitens hängen die tatsächlichen beruflichen Möglichkeiten und die Jobchancen ganz entscheidend auch von einer guten Allgemeinbildung und diversen Zusatzqualifikationen ab. Erlebt doch gerade heutzutage das Generalistentum wieder eine Renaissance.

Die beste hohe Schule

Qualifizierte Akademiker haben gute Berufsaussichten. Aber nicht jede Hochschule garantiert eine solide Ausbildung. Viele Universitäten sind überfüllt. Auf einen Platz im Hörsaal kommen oft mehrere Studenten. Die Folge: katastrophale Arbeitsbedingungen. Und immer weniger Studenten absolvieren ihr Studium in der vorgesehenen Zeit. Drei Viertel verlassen die Unis ohne Abschluß.
Die Frage, für welche Hochschule sich Maturanten/Abiturienten – soferne sie den Studienplatz frei wählen können – entscheiden sollen, ist alles andere als leicht zu beantworten. Uni-Rankings bieten, so die überwiegende Meinung der Experten, nur bedingt Entscheidungshilfe, denn dem einzelnen bringt ein auf seine eigenen Bedürfnisse zugeschnittenes Studienangebot viel mehr als das Renommee einer Universität. Kleine, namenlose Hochschulen haben ebenso ihre Vorteile, weil man dort zügig fertig wird und die Studienbetreuung intensiver ist. Auch innovative Studiengänge sind empfehlenswert. Ebenso wie Hochschulen, die Zwei-Länder-Diplome anbieten, Auslandssemester verlangen und Diplomarbeiten in Zusammenarbeit mit Unternehmen schreiben lassen.

Ein Studium ist natürlich besonders dort unverzichtbar, wo es die Basis für einen bestimmten Beruf ist. In anderen Fällen müssen bestimmte Ausbildungsinhalte im Fall des Falles eben nachgeholt werden. ATTILA DOGUDAN

Daß Fremdsprachenkenntnisse – je mehr, desto besser – immer wichtiger werden, muß nicht betont werden. In Zukunft wird man aber, darin sind sich die Experten allesamt einig, von den

Universitätsabsolventen erwarten, daß sie in ihrem Fachgebiet ebenfalls sprachlich firm sind. Weshalb jedem, dem seine Zukunft wichtig ist, ein einjähriger Auslandsaufenthalt dringendst anzuraten ist.
Der Einwand, daß ein solcher nicht wenig Geld kostet, stimmt zwar, sollte aber kein Hinderungsgrund sein. Bieten doch eine Vielzahl von Institutionen und Organisationen derartige Programme und Auslandstipendien an, die beileibe nicht zur Gänze ausgeschöpft sind. Klarerweise stürzt sich die Masse der Studiosi auf attraktive Destinationen wie Paris, London oder New York – das heißt, dort ist die Nachfrage größer als das Angebot –, aber auch an den Unis weniger prominenter Städte kann man sich fachlich weiterbilden, die Landessprache lernen und obendrein eine schöne Zeit verbringen.

Ab ins Ausland

Zur Horizonterweiterung bieten sich aber auch Ferial- oder Aupair-Jobs oder ein Postgraduate-Studium während oder nach der Ausbildung an. Diese Form des Auslandsaufenthaltes hat vor allem den Vorzug, daß man nicht nur über Zeitpunkt und Ort völlig frei bestimmen kann, sondern auch über den Ablauf der Exkursion. Ob nun mehr das Studium des universitären Ausbildungsfaches oder das der Landessitten im Vordergrund steht, ist Geschmackssache und von den individuellen Zielen des einzelnen abhängig.
So oder so: Man lernt Kultur und Sprache des Landes dabei bestens kennen und kann beim nächsten Vorstellungsgespräch mit Fug und Recht auf Auslandserfahrung verweisen.

> *Je besser man ausgebildet ist, desto größer sind die beruflichen Chancen. Ein Studium kombiniert mit Auslandsaufenthalten und einer Postgraduate-Ausbildung ist für eine internationale Karriere unabdingbar. Die zukunftsträchtigsten Ausbildungszweige sind zweifellos Sprachen und EDV.* Martina Pecher

Bleibt nur noch die Frage der Finanzierung: Während man sich bei einem Ferial- oder Au-pair-Job sein häufig nur kleines Taschengeld im Schweiße des Angesichtes verdienen muß, gibt es bei einem Studienaufenthalt im Ausland immerhin die Möglichkeit, um ein mehr oder weniger großzügiges Auslandsstipendium anzusuchen. Wofür die Chancen obendrein gar nicht schlecht stehen, weil es viele Studenten unverständlicherweise noch immer Überwindung kostet, ins Ausland zu gehen. Lediglich bei Postgraduate-Studien, also Ausbildungsgängen im Anschluß an ein reguläres Universitätsstudium, muß tief in die Geldbörse gegriffen werden. Neben ausgezeichneten Qualifikationen sind jährliche Kosten – Studiengebühr und Ausgaben für die Lebenshaltung – in der Höhe von einer halben Million Schilling (rund 70.000 DM) die Regel. Den Absolventen renommierter Business-Schools stehen dafür bei namhaften Unternehmen und Organisationen Tür und Tor offen.

> *Ich bin Tierarzt geworden, weil ich immer unabhängig sein wollte. Als tüchtiger Tiermediziner kann man sich immer durchsetzen. Man führt in der Regel einen Einmannbetrieb mit maximal einer Sekretärin, und der Verdienst ist ausschließlich vom persönlichen Einsatz abhängig.* HELMUT PECHLANER

Tips für Auslandsstipendiaten

■ Bewerber stellen sich am besten gleich darauf ein, daß die administrativen Vorbereitungsprozeduren oft über ein Jahr dauern können. Wer einen Auslandsaufenthalt plant, muß zumindest eineinhalb Jahre zuvor mit den Vorbereitungen dafür beginnen, da die meisten Bewerbungsfristen schon im Wintersemester enden.

■ Wenn unklar ist, ob das Programm einer selbstgewählten Wunschuniversität in Österreich angerechnet wird, sollte man sich an die zuständige Botschaft wenden und genaue Unterlagen anfordern. Diese werden von den jeweiligen Studienkommissionen geprüft und seit letztem Jahr auch schon im vorhinein angerechnet.

■ Der Ämtergalopp ist ein Klacks, wenn er gleich mit folgender Grundausrüstung angegangen wird: Empfehlungsschreiben von zwei Professoren, Kopien der wichtigsten Zeugnisse, Lebenslauf und eine genaue Begründung, warum gerade ein bestimmtes Stipendium angestrebt wird und warum man selbst der optimale Kandidat dafür ist.

Mediziner und Juristen werden auch in Zukunft sehr krisensichere Berufe sein. Gerade die Zusammenarbeit zwischen Ärzten und Juristen wird noch stärker werden. Aufgrund des Massenbetriebes steigt auch die Wahrscheinlichkeit von Fehlern: In den USA beschäftigt sich heute bereits jeder vierte Anwalt mit ärztlichen Kunstfehlern.
Die Ausbildung wird à la longue in jeder Fachrichtung noch wesentlich spezialisierter werden. Es wird dann beispielsweise Chirurgen geben, die nur noch Knie, Schulter oder Ellenbogen operieren werden. Die Standardisierung wird in dieser Hinsicht noch weiter voranschreiten.

RUDOLF SCHABUS

Die Top-Unis
Was man wo in Europa am besten studiert

Medizin
University of London, Kings College (GB)
Rijksuniversiteit te Leiden (NL)
Université Pierre et Marie Curie Paris VI (F)
Kobenhavns Universitet (DK)
Humboldt-Universität Berlin (D)

Jus
Université René Descartes Paris V (F)
Université Catholique de Louvain (B)
Università degli studi die Roma „La Sapienza" (I)
Rijksuniversiteit te Leiden (NL)

Architektur
Architecture Association School of Architecture London (GB)
eidgenössische Technische Hochschule (eTH) Zürich (CH)

Biologie
Université Libre de Bruxelles (B)
Université des Scienes et Techniques du Languedoc/Montpellier II (F)
University of Sussex (GB)
Università degli studi die Firenze (I)

Chemie
Technische Universität München (D)
Universität Köln (D)
University of Cambridge, The Old Schools (GB)

Informatik
Institut National de Polytechnique de Toulouse (F)
Technische Universität Delft (NL)
Technische Hochschule Darmstadt (D)

Wirtschaftswissenschaften
Universität St. Gallen – HSG (CH)
Universität Köln (D)
HeC – Hautes études Commerciales, Jouy-en-Josas (F)
University of Cambridge, The Old Schools (GB)
Università Commerciale Luigi Bocconi Mailand (I)
Rijksuniversiteit Limburg, Maastricht (NL)

> *Ich halte Doppelstudien, bei denen unterschiedliche Fachrichtungen kombiniert werden, für sehr gut: beispielsweise Technik und Design, Marketing und Chemie, Betriebswirtschaft und Völkerkunde oder Informatik und Biologie. Solche Studiengänge halte ich für wesentlich sinnvoller als eine Entwicklung in Richtung Fachidiotentum.*
> *Künftig wird man noch viel stärker globale Zusammenhänge erkennen müssen, um überhaupt einen Job zu bekommen.*
> *Ich halte Sozialarbeit für ganz wesentlich, weil man dabei den Umgang mit unterschiedlichen Menschen und Bevölkerungsgruppen lernt. Das trägt viel zur Entwicklung der Persönlichkeit bei.*
>
> BRITTA STEILMANN

Kontakte zur Praxis

Aber nicht nur durch Jobs oder Engagements während des Studiums können Sie Ihren Einstieg ins Berufsleben erfolgreich vorbereiten. Auch mit Ihrer Diplomarbeit oder Dissertation lassen sich ohne weiteres brauchbare und nützliche Kontakte zur Wirtschaft knüpfen und zusätzlich ohne übermäßige Anstrengungen ein nettes Salär verdienen.
Schließlich sollen akademische Abschlußarbeiten nicht Zeugnis über die Beherrschung brotloser Künste ablegen, sondern auch Berufstauglichkeit attestieren – und da heißt tauglich immer noch, mit seiner Arbeit auch Geld zu verdienen.
Der einfachste Weg dorthin ist es, sich „kaufen" zu lassen. Auftragsarbeiten von den unterschiedlichsten Unternehmen gibt es in fast jedem Studienfach. Oft haben auch die Professoren interessante Anfragen auf Lager. Manchmal genügt auch der regelmäßige Blick aufs Schwarze Brett des Instituts. Solche Arbeiten sind dann meist auch eine taugliche Eingewöhnung in das Leben nach dem Studium: Denn die Themen machen da die Arbeit mehr zur Pflicht als zum Spaß, und das Geld wird neben dem Abschluß zu einer wichtigen Motivation.
Studenten technischer, wirtschaftlicher oder medizinischer Studienrichtungen haben es da zugegeben etwas leichter, aber es finden sich beispielsweise auch immer öfter Umweltschutzthemen auf den Anschlagbrettern der Jobreferate oder in den Informationsblättern der Diplomarbeits- und Dissertationsbörsen. Während sich die meisten Studenten mit bis zu 40.000 Schilling (6.000 DM) zufriedengeben müssen, wird auf bekannten technischen Hochschulen oft auch das Doppelte geboten. Manche Studenten können sich zum Abschluß gleich aus einem Angebot von mehreren Diplomarbeitsthemen das beste auswählen: Manchen Betrieben sind besonders interessante und innovative Arbeiten auch einen befristeten Werkvertrag samt Erfolgsprämie wert.

Ein Studium wird immer wichtiger: Ein hohes Maß an Basisausbildung ist heute notwendiger denn je. GÜNTHER WÖSS

In den achtziger Jahren begann der Boom der MBA-Programme in Europa. Der MBA galt bald als Wunderwaffe, und es entfaltete sich geradezu ein mystischer Nimbus um die drei Buchstaben. Bis vor wenigen Jahren genügten bereits die drei Lettern MBA auf der Visitenkarte, um einen Spitzenjob zu kriegen. Das hat sich inzwischen entscheidend geändert. Heute wird gefragt, an welcher Business-School der Titel erworben wurde. Allein in den USA sind 700 registriert, in Europa rund 200. Viele verkaufen mehr oder weniger den Titel für teures Geld, die Ausbildungsprogramme lassen zu wünschen übrig. MBA – obwohl ein Postgraduate-Studium – ist nämlich kein geschützter Titel, jeder kann ihn sich quasi selbst verleihen.
Freifahrttickets in den Firmenolymp stellen daher in Europa nur wenige Business-Schools aus: INSEAD in Fontainebleau, IMD in Lausanne, IESE in Barcelona, SDA Bocconi in Mailand oder die beiden britischen Institute London Business School und Manchester Business School.
Gefragt sind die Absolventen dieser Schulen vor allem, weil ihr MBA so etwas wie ein berufliches Gütesiegel darstellt. Es garantiert die Beherrschung international anerkannter Managementtechniken, praxisorientierte Ausbildung, profunde Fremdsprachenkenntnisse, analytisches Denkvermögen, Teamfähigkeit, hohe Belastbarkeit und besonderen Ehrgeiz.

> *Eine umfassende Allgemeinbildung ist notwendig, um Zusammenhänge begreifen zu können. Sich schon in jungen Jahren zu spezialisieren, kann leicht in eine Überforderung ausarten. Die Berufslaufbahn kann man grob in drei Phasen einteilen: Man beginnt als Generalist, spezialisiert sich dann und wird später wieder zum Generalisten.*
> ATTILA DOGUDAN

Wer einmal die Hürde der Bewerbung an einer Spitzenschule meistert, hat es beinahe schon geschafft: Von zehn Bewerbern um einen Studienplatz wird in aller Regel nur einer akzeptiert. Aus der Masse der Uni-Absolventen sollen die Besten ausgesiebt werden.

An die Bewerbung sollte daher mit entsprechender Sorgfalt herangegangen werden. Um überhaupt den Funken einer Chance zu haben, in die engere Wahl zu kommen, ist eine hohe Punkteanzahl beim standardisierten englischen „Graduate Management Admission Test" (GMAT) vonnöten, der die analytische, verbale und psychologische Eignung des Prüflings für Managementaufgaben mißt. Auf das Verfassen des Bewerbungsschreibens sollten zumindest zwei Monate verwendet werden, um den nötigen brillanten Feinschliff zu erlangen. Neben Lebenslauf und einer zwingenden Begründung, warum man ausgerechnet an dieser Schule den MBA erwerben will, sollen zusätzliche Qualifikationen hervorgehoben werden, die überduchschnittliches Engagement und Strebsamkeit dokumentieren: Politische Arbeit, sportliche Höchstleistungen, soziales oder kulturelles Engagement sind geeignet, Pluspunkte zu bringen. Zwei möglichst beeindruckende Empfehlungsschreiben – von anerkannten Lehrern oder prominenten Politikern – bringen zusätzlichen Schub. Ist das einmal geschafft, steht einem Einlaß in die Karrieretretmühle nichts mehr im Weg.

Hundert Stunden Arbeitszeit pro Woche sind an den Elite-Ausbildungsstätten eine Selbstverständlichkeit. Theoretisches Wissen wird in der Regel vorausgesetzt. Fehlt es, etwa weil der Uni-Absolvent nicht Ökonomie, sondern Jus, Politikwissenschaft oder ein anderes Fach studiert hat, so wird erwartet, daß er dies „nebenbei" nachholt. Der Stoff wird nämlich anhand von Fallstudien erarbeitet, die in der Gruppe diskutiert werden. Werden zunächst allgemeine Busineß- und Managementstrategien vermittelt, Marketing-, Personal- und Finanzprobleme diskutiert, so widmet sich die zweite Studienhälfte der zehn bis 24 Monate dauernden Programme der Spezialisierung. In der Regel geschieht dies, indem ein konkretes Problem eines Unternehmens zu lösen ist.

Aufenthalte im fremdsprachigen Ausland sind ganz wichtig und sollten zumindest ein halbes Jahr dauern. Die alte K. u. K. Hochschule für Welthandel bot diesbezüglich ein ausgezeichnetes Konzept: Dort haben die Studenten verschiedene Spezialdisziplinen und gleichzeitig zwei, drei Sprachen gelernt. MICHAEL GRABNER

Top-Business-School ist aber nicht gleich Top-Business-School. Im Fein-Tuning ihrer Programme stellen sie auch schon Weichen für die Managementzukunft. So ist die London Business School sehr stark finanzwirtschaftlich und damit mathematisch orientiert; INSEAD in Fontainebleau ist bekannt für seine großartigen computergestützten Busineßspiele, die gesamtwirtschaftliches Denken erfordern; die Manchester Business School baut ihren Ruf vor allem auf der erstklassigen Projektarbeit an konkreten Aufträgen aus der Wirtschaft auf.

Postgraduate Studien: Die Top MBA-Schulen in Europa und den USA

Postuniversitäre Zusatzausbildungen sind auch im deutschsprachigen Raum auf dem Vormarsch. Ein MBA-Diplom von einem renommierten Postgraduate-Programm bietet oft die besten Voraussetzungen für einen erfolgreichen Karrierestart. Nachfolgend die arriviertesten europäischen Institute:

- Rotterdam School of Management

Erasmus University, P.O. Box 1738, NL-3000 DR Rotterdam, Tel. 0031/10 408 22 22

- INSEAD – Institut Europeen d'Administration des Affaires

Boulevard de Constance, F-77 305 Fontainebleau Cedex
Tel. 0033 1 60 72 40

- London Business School

Sussex Place, Regent's park, GB-London NW1 4SA, Tel. 0044/1 262 50 50

- IESE de la Empresa – Instituto de Estudios Superiores

Universidad de Navarra, Avenida Pearson 21, E-08034 Barcelona, Tel. 0034/3 204 40 00

- IMD – International Institute for Mangement Development, P.O. Box 915, 28 Chemin de Bellerive 23, CH-1001 Lausanne, Tel. 0041/21 26 71 12

- ISA – Institut Superieur des Affairs

1, Rue de la Liberation, F 78350 Jouy-en-Josas, Tel. 0033/1 395 67 00

- SDA Bocconi

Segrataria Divisione Master, Via Bocconi 8, I-20136 Milano,

Tel. 0040/2 583 66 60

■ Manchester Business School

University of Manchester, Booth Street West, Manchester M 15 6 PB, Tel. 0044/61 275 63 33

■ GSBA Zürich

GSBA Zürich, Schützengasse 4/ Bahnhofstraße, CH-8001 Zürich, Tel. 0041/1 211 60 68

■ Nijenrode

The Netherlands School of Business, Straatweg 25, NL-3621 BG Breukelen, Tel. 0031/34 62 915 49

Wirtschafts- und Sprachenstudium in den Vereinigten Staaten

Nach dem College und nach Erwerb des Bachelors arbeitet der amerikanische Student in der Regel einige Jahre. Erst danach geht er auf eine Graduate School. Dort kann er ein „Master of Business Administration Program" (MBA) absolvieren. Die Programme sind betriebswirtschaftlichen Studiengängen zwar in Praxisnähe, Intensität, Teamorientierung und generalistischer Ausrichtung oft überlegen, meist handelt es sich jedoch um eine eher funktional, theoretisch-analytisch angelegte akademische Ausbildung kaufmännischer Prägung.

> *Ich kann jedem nur zu einer ordentlichen Grundausbildung raten: zuerst ein Studium und danach viel Praxis, weil diese beiden Bereiche zwei verschiedene Paar Schuhe sind.* AGNES HUSSLEIN

Damit entsprechen klassische MBA-Programe (auch Junior-MBA genannt) formal am ehesten dem Abschluß einer betriebswirtschaftlichen Studienrichtung. Über 200 MBA-Programme sind bei der American Assembly of Collegiate Schools of Business (AACSB) akkreditiert, bei weitem nicht alle davon sind erstklassig. Es sind die Spitzen der amerikanischen Schulen, die weit herausragen. Für Europäer uneingeschränkt zu empfehlen sind die 40 Topprogramme nach dem Business Week Ranking. Rund 20 Prozent aller Abgänger der Graduate Schools in den USA haben einen Master-Abschluß im Wirtschaftsbereich. Insgesamt erwerben in den USA jährlich etwa 70.000 Personen einen MBA.

Inhaltlich haben sich bei den MBAs in den Vereinigten Staaten einige Änderungstendenzen bemerkbar gemacht: Die Bedeutung von Fallstudien geht zurück, es wird versucht, die akademischen Disziplinen zu vernetzen. Es geht weniger um das Wissen an sich, sondern um den Prozeß zur Weiterentwicklung von Menschen, wobei projekt- und aktionsorientierte Lernformen einen höheren Stellenwert erhalten. Die zugrundeliegende Überlegung: Konkrete Probleme in Unternehmen können nicht nach akademischen Disziplinen – beispielsweise als ein Problem des Marketings, der Strategie oder des Rechnungswesens – abgegrenzt werden. Sie verlangen vielmehr vielfältige, unterschiedliche und interdisziplinäre Kombinationen als Lösungsansätze.

Weitere aktuelle Trends sind, daß bei den Executive MBA-Programmen die unmittelbare Transferleistung zum Unternehmen immer wichtiger wird. Firmenbezogene Projektarbeiten, Consultingaufgaben und „lebende" Fallstudien gehören bereits zum Standard praxisorientierter Programme.

Der internationalen Ausrichtung kommt ebenfalls immer größere Bedeutung zu. Dazu gehören nicht nur die Inhalte, sondern auch die Zusammensetzung der Fakultät und der Teilnehmer sowie das Eingehen von internationalen Kooperationen.

Insgesamt werden die europäischen Programme aufgrund ihrer kürzeren Tradition oft als innovativer und praxisnäher eingeschätzt. Auffallend ist der Erfolg von berufsbegleitenden Executive MBA-Programmen und einjähriger Full-time-Programme, wie sie von INSEAD (Frankreich) oder IMD (Schweiz) angeboten werden. Zunächst hatte der MBA als Abschluß große Schwierigkeiten, in den akademischen Kreisen anerkannt zu werden. Rang und Wert des Abschlusses mußten erst erkämpft und unter Beweis gestellt werden. Mittlerweile ist die internationale Reputation eines MBA-Abschlusses einer anerkannt guten Business-School aber längst gewährleistet. Die „European Foundation for Management Development" (efmd) ist die führende Plattform für Informationsaustausch, Dialog und Kooperation im Bereich der Managementprogramme Europas. Die Mitgliedschaft bei der efmd ist an bestimmte Standards gebunden, die die titelvergebende Schulen erbringen müssen.

Je besser man ausgebildet ist, desto größer sind die beruflichen Chancen, wobei die zukunftsträchtigsten Ausbildungszweige zweifellos Sprachen und EDV sind. Ein Studium kombiniert mit Auslandsaufenthalten und einer Postgraduate-Ausbildung ist zum Beispiel für eine internationale Karriere unabdingbar. MARTINA PECHER

Seilschaften: Verbündet zum Erfolg

Ein Studium allein ist schon längst keine Garantie mehr für eine erfolgreiche Karriere: In Zeiten, in denen vornehmlich „Schein" und rascher Studienabschluß zählen, bleiben im Berufsleben besonders gefragte Schlüsselqualifikationen wie Eigeninitiative, Selbstvertrauen, Durchsetzungsvermögen, Teamfähigkeit und soziale Kompetenz während der Ausbildung weitgehend auf der Strecke.

Unternehmer und Personalchefs legen bei Einstellungsgesprächen daher immer mehr Wert darauf, daß Jobeinsteiger über ihr Diplom hinaus noch zusätzliche Kenntnisse vorzuweisen haben. Ihre Meinung: Für die Karriere spielen Zeugnisse und akademischer Grad eine immer geringere Rolle. Entscheidend ist vielmehr die Persönlichkeit und der Wille zur Weiterbildung.

Ich rate jedem, nicht nur zu studieren, sondern sich daneben auch noch Zusatzqualifikationen und zusätzliche Sprachkenntnisse anzueignen. Jede Tätigkeit und jedes Engagement ist interessant: Selbst wenn jemand einen Chor gegründet und geleitet oder Veranstaltungen organisiert hat, ist das etwas Positives, worauf er verweisen kann.
MARTINA PECHER

Fremdsprachenwissen, Auslandsaufenthalte und Berufspraxis sind heute beinahe schon ein Muß. Wer den Umstieg von der Uni ins Berufsleben möglichst reibungslos über die Bühne bringen will, sollte sich daher schon frühzeitig zusätzliches Wissen aneignen, seine Wettbewerbsfähigkeit steigern und um nützliche Kontakte bemühen. Die Universitäten – seit jeher Diskussionsschauplatz der geistigen Elite und Trainingscamp unterschiedlichster politischer Fraktionen – bieten dafür reichlich Gelegenheit: vom Engagement auf Institutsebene über die Mitarbeit in den Organi-

sationen der Hochschülerschaften oder einer der zahlreichen Studentenvertretungen bis hin zur Mitgliedschaft in einer der traditionellen Karriereschmieden wie beispielsweise den Cartellverbänden oder den Bünden Sozialistischer Akademiker.
Insbesondere die Mitgliedschaft bei beiden letzteren hatte bis dato in Österreich viel von einer beruflichen Erfolgsgarantie. Obwohl der Proporz in den letzten Jahren etwas abgenommen hat, geben bei der Besetzung attraktiver Positionen neben Ausbildung und Auftreten nach wie vor häufig Beziehungen und Vitamin „P" den Ausschlag. So sind beispielsweise aus den Reihen des CV nicht nur sämtliche Bundeskanzler vor der Ära Kreisky – Raab, Figl, Gorbach, Klaus – hervorgegangen, sondern eine ganze Reihe weiterer honoriger Persönlichkeiten, die in Belangen des täglichen Lebens einiges mitzureden haben: Von Kardinälen über Politiker, Banker, Industrielle, Rechnungshof-Präsidenten, Unternehmensberater, Topmanager bis hin zum Bundespräsidenten sind viele illustre Persönlichkeiten Mitglieder einer der 44 heimischen CV-Verbindungen. Eine Gemeinschaft, die an überlieferten Traditionen festhält und gegen den allgemeinen Werteverfall auftritt, rund 10.000 Alte Herren und 2.100 studierende CV-Mitglieder umfaßt. Einmal pro Woche treffen sich die käppitragenden Stusiosi auf der Bude, um die vier Stützpfeiler ihres christlich-sozialen Weltbildes – Religio, Patria, Scientia und Amicitia – hochzuhalten. Die enge, an manch feuchtfröhlichen Abenden gewachsene Lebensfreundschaft zwischen Alten und Jungen Herren ist dem beruflichen Weiterkommen durchaus dienlich. „Natürlich ist es ein Vorteil, wenn bei einer Bewerbung der Personalchef ein CVer ist. Wir schauen aufeinander wie andere auch", so ein Insider, der von seiner Mitgliedschaft gehörig profitiert hat. „Ich habe mich auch bei der Hochschülerschaft engagiert und dort Redefähigkeit, Auftreten und Verhandlungsgeschick gelernt, was mir danach sehr geholfen hat."

Es sollte sich jeder schon während der Ausbildung ein Maximum an Praxis aneignen. Zusätzliche Qualifikationen, die sich später bezahlt machen. Die Bereitschaft, auch niedere Tätigkeiten zu verrichten, bringt viel: Ich habe in den Ferien sowohl als Bauarbeiter und Bäkkergehilfe gearbeitet, aber auch in den verschiedensten Zoos und

beim Nobelpreisträger Konrad Lorenz. Mit meinem späteren Chef bin ich dadurch bekannt geworden, weil ich schon als Bub im Zoo freiwillige Arbeiten erledigte, obwohl ich dafür Eintritt bezahlt hatte.
HELMUT PECHLANER

Das „rote" Pendant zum Cartellverband, der Österreichische Bund sozialistischer Akademiker, existiert ebenfalls seit mittlerweile 50 Jahren und hat 15.000 Mitglieder. Darunter so prominente wie den Bundeskanzler und den amtierenden Wiener Bürgermeister Michael Häupl. Minister, Industriekapitäne, Führungskräfte, Spitzenbankiers, Versicherungsmanager und Unternehmer gehören ebenfalls dem eingeschworenen Zirkel an. Dessen Hauptanliegen ist es zwar, Akademiker an die Partei heranzuführen, allerdings sind nur 75 Prozent der Mitglieder tatsächlich Mitglieder. Der Karriere tut dies aber keinen Abbruch: Bei regelmäßigen Seminaren, Diskussionsveranstaltungen oder Businеßdiners mit hochkarätigen Gästen aus Wirtschaft und Politik kommen die Mitglieder – rund ein Drittel sind Frauen – leicht miteinander ins Gespräch.
Wer das Uni-Leben aktiv mitbestimmen will, braucht sich aber noch lange nicht einem der beiden Kolosse anzuschließen. In den Hochschülerschaften arbeiten zahlreiche Fraktionen, die sich mehr oder weniger im Schlepptau etablierter Parteien befinden, aber durchaus auch eigenständig agieren. Die Österreichische Hochschülerschaft etwa mit bundesweit 1.600 Funktionären und rund 5.000 Mitarbeitern sieht sich in erster Linie als Transmissionsscheibe zwischen Uni, Ministerien und Wirtschaft: Wer dort mitarbeitet, macht zweifellos persönliche Erfahrungen, die er später noch brauchen kann.

Ein Studium ist schon sehr wichtig, allerdings ist die Studienauswahl von großer Bedeutung. Ein Studium muß wirklich ernst genommen und schnell durchgezogen werden. Alle Möglichkeiten, die es bietet, müssen ausgenützt werden. Eine Postgraduate-Ausbildung außerhalb Österreichs halte ich für besonders wichtig, da hier vor allem internationale Beziehungen zustande kommen.
AGNES HUSSLEIN

Derzeitiger Trend auf den Hochschulen: Man organisiert sich nicht in Institutionen, sondern engagiert sich für Themen, die einem persönlich wichtig sind. Die meisten Studenten interessieren sich zwar für Politik, wollen aber nicht Mitglied einer Organisation werden. Für den späteren beruflichen Erfolg ist das nicht unbedingt von Nachteil: Über die Mitarbeit in Projektgruppen kann man ebenso leicht in bestimmte Unternehmen hineinrutschen, wie das Engagement in Studienrichtungsvertretungen oft den ersten Schritt zu einer wissenschaftlichen Karriere darstellt. Weshalb auch die Bildung von Seilschaften nicht zwingend etwas mit Politik zu tun hat: Menschen, die zusammenarbeiten und zwischen denen die „Chemie" stimmt, bleiben eben miteinander in Verbindung und sich gegenseitig gewogen. Womit die Beteiligung an Bürgerinitiativen oder der Einsatz für Greenpeace letzlich ebensoviel bringen kann wie das Absolvieren von Austauschprogrammen, Auslandsaufenthalten oder Berufspraktika in den Semesterferien.

> *Berufsanfänger sollten nach einigen Jahren Training on the Job nach Möglichkeit eine Fachhochschule besuchen und danach einige Jahre Auslandspraxis sammeln. Ideal ist es, von einem guten Bildungsniveau auszugehen und dann zielorientiertes Job-hopping zu betreiben.*
> GÜNTHER WÖSS

Auch hier ist das Angebot vielfältig, wenngleich oft von der jeweiligen Uni abhängig. Vor allem die technischen Hochschulen sind für ihre Praxisnähe und guten Beziehungen zu Unternehmen im In- und Ausland bekannt. So vermittelt der bundesweit vertretene Verein IAESTE (International Association for the Exchange oft Students for Technical Experience) vier- bis zwölfwöchige Auslandsjobs in weltweit 65 Ländern. Speziell Wirtschaftsuniversitäten tun viel für ihre Studenten: So bietet die Wiener WU ein eigenes Zentrum für Berufsplanung, zwei praxisorientierte Messen pro Jahr, zahlreiche Veranstaltungen auf Institutsebene und einen neugegründeten Absolventenverein, der das Knüpfen von Kontakten erleichtern soll. Viele der Studenten betreiben eine längerfristige Karriereplanung und erhoffen sich durch die Teilnahme an solchen Programmen und Veranstaltungen bleibende Kontakte.

Das Um und Auf für ein funktionierendes Netzwerk nützlicher Beziehungen ist jedoch die beharrliche Kontaktpflege: Wer aktiv ist und viele – vorzugsweise die richtigen – Leute kennt, dem geht schon an der Uni vieles leichter von der Hand: Der gemeinsame Besuch von Lehrveranstaltungen, das Arbeiten in Seminargruppen und die gegenseitige Unterstützung in Notfällen und der Drink danach machen das Studium wennschon nicht einfacher, so doch angenehmer. Und bringen die Menschen einander näher. Oder wie es ein für seine Kontaktfreudigkeit und weitreichenden Beziehungen bekannter Durchstarter treffend formuliert: „Ein Studium ist sehr hilfreich. Es erweitert nicht nur den Horizont, man gewinnt auch neue Freunde, die später an den Schalthebeln der Macht sitzen werden und zum eigenen Erfolg beitragen können."

> *Wer mit der Ausbildung fertig ist und erst dann ein Unternehmen sucht, wo er Karriere machen kann, wird es nicht leicht haben. Besser ist es, schon früher an der Umsetzung seiner Ziele zu arbeiten und zu versuchen, Menschen und Möglichkeiten kennenzulernen, die einem dabei weiterhelfen können.*
>
> VERA RUSSWURM

Ausbildung in der EU

Wer seiner Berufslaufbahn schon frühzeitig einen internationalen Touch geben will, kann seine Ausbildung, oder zumindest Teile davon, in einem anderen Teil Europas absolvieren. Dabei gilt es jedoch einiges zu beachten: Die Bildungspolitik ist in der EU nach wie vor Aufgabe der Mitgliedsstaaten. Dementsprechend unterschiedlich sind die 15 nationalen Ausbildungssysteme gestaltet. In manchen Ländern gibt es auch regional – etwa aufgrund von regionaler oder schulischer Autonomie – uneinheitliche Regelungen. So ist etwa die Praxis innerhalb Großbritanniens oder auch in den einzelnen Teilen Belgiens durch Unterschiedlichkeiten geprägt. Die Union will diese Differenzen nicht aufheben, sondern die Koordination, Kooperation und Mobilität innerhalb Europas fördern und die Einzelstaaten in ihrer Bildungspolitik unterstützen.

In diesem Sinne wurden etwa verschiedene EU-Bildungsprogramme eingerichtet (ERASMUS etc.) oder auch Richtlinien zur gegenseitigen Anerkennung beruflicher Bildungsabschlüsse erlassen. Letztere sind für den Zugang zu reglementierten Berufen innerhalb der EU entscheidend. Neben zahlreichen älteren Einzelrichtlinien sieht etwa die sogenannte „erste Diplomanerkennungsrichtlinie" im Grundsatz die Anerkennung von abgeschlossenen, mindestens dreijährigen Hochschul- oder gleichwertigen postsekundären Studien vor, die für den Berufszugang erforderlich sind. Die „zweite Diplomanerkennungsrichtlinie" erstreckt sich dann auf weitere Ausbildungen, etwa auf mindestens einjährige postsekundäre Ausbildungsgänge, sowie andere berufliche Befähigungsnachweise. Aufgrund der Unterschiedlichkeit der nationalen Regelungen werden für den Berufszugang im EU-Ausland in vielen Fällen neben der Anerkennung der Ausbildungen noch Zusatzleistungen (Praxiszeiten, Anpassungslehrgänge, Eignungsprüfungen etc.) verlangt.

Auslandsaufenthalte sind geradezu lebensnotwendig. Allerdings sollte es sich dabei nicht um Alibiaufenthalte handeln, ein dreiviertel Jahr ist mindestens notwendig, zwei bis drei Jahre sind optimal.
In Zeiten von globalen Märkten ist es einfach notwendig, andere Kulturen sowohl sprachlich als auch mental bessser zu verstehen. Ich schicke meine Kinder jedenfalls in Schulen, wo sie mehrere Sprachen lernen können, weil das in jungen Jahren noch spielerisch geht.

ATTILA DOGUDAN

Zur besseren Orientierung gibt es in der Folge – nach den Bereichen Lehre und Hochschule getrennt – einen kurzen Überblick über die unterschiedlichen (Aus)Bildungssysteme der EU-Staaten und die Möglichkeiten zur Nutzung der erweiterten Ausbildungschancen in der EU (beispielsweise geförderte Bildungsmobilität). Nähere Auskünfte zu den Bildungssystemen der einzelnen Länder bieten neben den jeweiligen Botschaften und Ministerien auch die jeweiligen regionalen Kontaktstellen des europäischen Bildungsinformationsnetzwerkes EURYDICE sowie die regionalen Büros für Europäische Bildungskooperation.

Lehre in Europa: Unterschiede in der Lehrlingsausbildung innerhalb der EU

Die österreichische Berufsbildung ist durch das sogenannte „duale System" geprägt. Dieses sieht eine parallele Ausbildung in Theorie (Berufsschule) und Praxis (Lehre) vor.
In Österreich muß man etwa, um (vom Lehrherrn) in der Berufsschule angemeldet werden zu können, neun Jahre Schulpflicht sowie eine Lehrstelle und einen Lehrvertrag nachweisen können.
Die Dauer der Lehre und der begleitenden Ausbildung in der Berufsschule sind je nach Beruf unterschiedlich (durchschnittlich drei Jahre, teilweise aber nur zwei oder aber sogar vier Jahre). Die Lehrlingsausbildung schließt mit der „Lehrabschlußprüfung". Diese umfaßt Theorie- und Praxis-Elemente, wobei der theoretische Teil dann entfällt, wenn der Lehrling die letzte Klasse der Berufsschule positiv abgeschlossen hat. Mit der Woche der erfolgreichen Lehrabschlußprüfung endet die Lehrzeit, und man wird zum Gesellen.

Vergleichbare duale Systeme gibt es innerhalb der EU auch in Deutschland und Luxemburg. Bei der Ausbildung in den übrigen Staaten überwiegt aber meist der schulische Anteil, oder es ist ein alternierender Wechsel zwischen Schule und Job vorgesehen.

Aus- und Weiterbildung mit „Leonardo"

Die Wettbewerbsfähigkeit der europäischen Unternehmen hängt immer mehr von der Qualität der Aus- und Weiterbildung der Mitarbeiter ab. Die EU fördert deshalb im Rahmen des Programms „Leonardo da Vinci" zeitgemäße Anpassungen und Kooperationen im Bereich des Berufsbildungswesens, sowie die Mobilität seiner Teilnehmer. Neben Projekten zur Förderung innovativer Technologien oder der Zusammenarbeit von Hochschulen und Unternehmen bietet Leonardo auch die Möglichkeit zur Einrichtung von Vermittlungs- und Austauschprogrammen für Gruppen von fünf bis etwa 20 Personen. Adressaten sind vor allem Jugendliche in der beruflichen Erstausbildung (drei Wochen bis neun Monate Auslandsaufenthalt möglich) sowie junge Arbeitnehmer (in der Regel drei, höchstens jedoch zwölf Monate).
Lehrlinge können im Rahmen solcher Programme einen Teil ihrer Ausbildung (schulisch oder praktisch oder beides) im Ausland absolvieren und wertvolle Zusatzqualifikationen erwerben. Vorbereitende Sprachkurse können (teil)gefördert werden. Ein Beispiel für ein erfolgreiches Projekt in diesem Bereich ist das Programm „Köche auf der Walz", bei dem Lehrlinge in einem Jahr Erfahrung in drei EU-Ländern sammeln können.

> *Junge Menschen sollten unbedingt ins Ausland gehen, mindestens für ein Jahr. Zu Beginn der Berufslaufbahn kann man ruhig etwas hin- und herspringen. Man muß ja nicht unbedingt gleich bei der ersten Firma in Pension gehen.* KARLHEINZ ESSL

Als Träger von Leonardo-Projekten, die bei Genehmigung teilfinanziert werden, können nur Institutionen (berufsbildende Schulen, Universitäten, Weiterbildungseinrichtungen, Betriebe, Sozialpartnereinrichtungen, Ministerien und sonstige Verwaltungsbehörden etc.) auftreten. Engagierte Einzelpersonen (etwa Lehrlinge) können aber durchaus Anstoß für neue Projekte geben. Durchgehende Betreuung und Kontaktmöglichkeiten für an Austauschprogrammen Interessierte bieten Vereine zur Förderung des internationalen Austausches von Lehrlingen und jungen Fachkräften der Wirtschaft (IFA). Information und Beratung (etwa Hilfe bei der Suche nach Kooperationspartnern und der Erstellung von Projektanträgen) für potentielle Projektträger gibt es bei den regionalen Leonardo-Büros, ihre Informationsunterlagen (vor allem der „Leitfaden" und das „Vademecum") sowie das (gratis beziehbare) „Leonardo-Magazin".

Bei Fragen zur Anrechenbarkeit von Ausbildungsteilen, die man außerhalb des geförderten Leonardo-Programms in der EU absolviert hat oder absolvieren will, wendet man sich am besten an die zuständigen Ministerien. Für den schulischen Teil der Ausbildung ist das Bundesministerium für Unterricht und Kultur, für die praktische Seite das Bundesministerium für Wirtschaft zuständig. Zwischen Österreich und Deutschland besteht jedenfalls ein Abkommen, das für eine Vielzahl von (vergleichbaren) Lehrlingsausbildungen vorsieht, daß eine in dem einen Land abgeschlossene Lehrabschlußprüfung auch in dem anderen Land Geltung hat.

Um in eine Spitzenposition zu kommen, braucht man nicht nur Fachwissen, sondern psychologische Erfahrungen und einen internationalen Background. Wer heute mit Amerikanern und morgen mit Japanern zu tun hat, wird allein mit der Kenntnis der österreichischen Mentalität nicht sehr weit kommen. ELISABETH GÜRTLER

Hochschulen in Europa

In den meisten EU-Staaten ist der Hochschuleintritt ab 18 Jahren möglich. Ausnahmen bilden Deutschland, Luxemburg, Skandinavien und Italien, wo man erst mit 19 Jahren zu studieren beginnen kann. Griechenland ermöglicht hingegen schon 17jährigen ein Studium.

Die meisten Staaten kennen sowohl einen universitären als auch einen nichtuniversitären (Fachhochschulen) Bildungsbereich.

Portugal stellt aufgrund des fehlenden nichtuniversitären Hochschulbereiches eine Ausnahme dar. Universitätsstudien dauern je nach Mitgliedsstaat und Fachrichtung drei bis acht, die Ausbildung an anderen Hochschulen zwei bis sechs Jahre.
Luxemburg nimmt im Hochschulbereich eine Sonderstellung ein: Es werden in den Geistes-, Sozial- und Naturwissenschaften sowie für Medizin und Pharmazie nur einjährige Studien angeboten, nach deren Absolvierung man ein Zertifikat erhält. Wer will, kann hierauf sein Studium an einer ausländischen Universität weiterführen. Dreijährige Studiengänge werden hingegen in den Zweigen Erziehungswissenschaften bzw. Sozialpädagogik und Technologie, zweijährige Ausbildungen in Betriebswirtschaft, Informatik und Technik angeboten.
Das Studienjahr ist in den Mitgliedsstaaten in der Regel entweder nach Semestern (Österreich, Deutschland, Skandinavien) oder Trimestern (Irland) organisiert oder variiert innerhalb eines Landes von Schule zu Schule (England). Während es in Österreich, Deutschland, Luxemburg, Skandinavien und Griechenland keine Studiengebühren gibt, muß man in Irland und Großbritannien am tiefsten in die Tasche greifen (13.000 bis über 40.000 Schilling – 1.900 bis 5.500 DM – pro Jahr).

Auslandsaufenthalte sind unglaublich wichtig, weil man dabei neben Sprachen auch Weitblick und Toleranz lernt. Junge Menschen müssen weg von der Familie und der Stadt, in der sie leben. Das öffnet den Blick, man erkennt die eigene Relativität, und man lernt andere zu schätzen und zu respektieren. Es verhindert Präpotenz, weil man erkennt, daß auch andere keine Idioten sind.

HELMUT PECHLANER

Zulassungsvoraussetzungen

In Österreich werden für die Hochschulzulassung verlangt:
die Erlangung der allgemeinen Hochschulreife (mit Ausnahme einiger Studien an Hochschulen künstlerischer Richtung) durch:

- Reifeprüfungszeugnis einer österreichischen höheren Schule (allgemeinbildende und berufsbildende höhere Schulen, höhere land- und forstwirtschaftliche Lehranstalten, Bildungsanstalten für Kindergartenpädagogik sowie für Sozialpädagogik) oder einer entsprechenden Vorläuferform der Mittelschule.

- Die Absolvierung bestimmter Akademien ermöglichen ebenfalls die Zulassung zu bestimmten Studien. So dürfen etwa Absolventen der Akademie für Sozialarbeit Soziologie studieren.
- Abschluß eines fachlich einschlägigen Fachhochschul-Studienganges.
- Ablegung der Studienberechtigungsprüfung, wofür die Vollendung des 22. Lebensjahres (unter Umständen reicht auch das 20.) und der Nachweis einer erfolgreichen beruflichen oder außerberuflichen Vorbildung notwendig sind.

Für den Hochschulzugang in anderen EU-Staaten sind ebenfalls in der Regel ein Sekundar-Abschlußzeugnis, darüber hinaus aber teilweise (von Land und Studiengang abhängig) Hochschuleingangsprüfung bzw. Auswahlgespräch notwendig. Während etwa Deutschland (Ausnahmen bilden zur Zeit beliebte Fächer wie Medizin, Architektur und Betriebswirtschaft) und die Beneluxstaaten (in Belgien gibt es ebenfalls einige wenige Ausnahmen) grundsätzlich nur das Abschlußzeugnis der Sekundarschule verlangen, muß man sich z. B. in Italien, Frankreich und Großbritannien in mehreren Fällen (d. h. an bestimmten Hochschulen und/oder in bestimmten Fächern), in Griechenland und Portugal sogar grundsätzlich Aufnahmeprüfungen unterziehen.
Studien in den Richtungen Kunst, Musik und Sport erfordern – wie in Österreich – neben dem Sekundarschulabschluß in der Regel einen Eignungsnachweis, vielfach in Form einer Eignungsprüfung. In manchen Ländern gibt es unter bestimmten Bedingungen auch die Möglichkeit, ohne Sekundar-Abschlußzeugnis zum Universitätsstudium zugelassen zu werden, etwa aufgrund beruflicher Vorqualifikationen oder eines Auswahlgesprächs (z. B. Niederlande, Frankreich, Deutschland).

Auslandsaufenthalte sind essentiell und sollten zwischen sechs Monaten und zwei Jahren dauern, weil man dann die Sprache am effektivsten lernen kann. Ideal ist es, den Auslandsaufenthalt mit einem Sozialprojekt zu koppeln. Britta Steilmann

In manchen Staaten unterscheiden sich die Zulassungserfordernisse je nachdem, ob man inländischer Bewerber, „Bildungsinländer" (d. h. Studienbewerber aus der EU im Besitz der Hochschulzugangsberechtigung des Mitgliedsstaates, in dem man studieren will) oder aber Ausländer (d. h. EU-Bewerber ohne inländische Hochschulzugangsberechtigung) ist. So verlangen etwa Dänemark und die Niederlande nur von der letzten Gruppe in bestimmten Fällen Aufnahmeprüfungen. Griechenland bittet wiederum nur inländische Bewerber zu solchen Prüfungen, während Portugal diese für Inländer und „Bildungsinländer" vorsieht.
Zusätzlich sind in den meisten EU-Staaten Numeri clausi festgeschrieben – entweder im gesamten Hochschulsystem (z. B. Portugal, Griechenland) oder in einzelnen Bereichen – meist in stark frequentierten Studiengängen wie Medizin oder Betriebswirtschaft – (z. B. Deutschland, Frankreich, Spanien, Italien, Niederlande, Dänemark). In Großbritannien und Irland besteht zwar kein Numerus clausus im klassischen Sinne, allerdings wird eine sehr strenge Auswahl getroffen. Belgien kennt hingegen wie Österreich keinerlei Notenerfordernisse als Zulassungsbeschränkung zum Studium. Schließlich stellen die meisten EU-Staaten Mindestanforderungen für nachzuweisende Sprachkenntnisse. Vor der Zulassung werden deshalb oft Sprachprüfungen oder aber Nachweise über Sprachdiplome verlangt.
Die Zuständigkeit für die Anerkennung bisheriger Qualifikationen und akademischer Leistungen innerhalb der EU liegen in den einzelnen Staaten bei sehr unterschiedlichen Stellen. Wirft die Frage der Anerkennung Probleme auf, können diese meist durch Zusatzprüfungen oder die Zulassung des Bewerbers in ein niedrigeres Semester gelöst werden.
Die Zulassung und Anerkennung zu Beginn eines Studienganges ist in der EU am besten geregelt und vielfach unproblematisch. In Griechenland, Spanien, Portugal, Frankreich, den Niederlanden und Großbritannien wird jedoch die Anerkennung im konkreten Einzelfall entschieden. Die Zulassung und Anerkennung im Laufe des Studiums sowie bei vielen Postgraduate-Studien ist weniger gut geregelt und erfolgt je nach konkretem Einzelfall. Da die Zulassungsregeln von Land zu Land und – im Falle der Autonomie der Schulen – von Universität zu Universität unterschied-

lich sind, sollte man sich bei einem selbst geplanten Auslandsstudium (außerhalb der EU-Bildungsprogramme) jeweils über die Zulassungsbedingungen im konkreten Fall erkundigen. Insgesamt liegt der Anteil ausländischer Studenten in der EU bei fünf Prozent. Die größten Kontingente weisen Belgien (zehn Prozent), Frankreich (neun Prozent), Großbritannien (sieben Prozent) und Deutschland (sechs Prozent) auf. Europaweit betrug Anfang der neunziger Jahre der Anteil der Hochschulabsolventen aus Wirtschafts-, Sozial- und Rechtswissenschaften 29 Prozent. Diese Disziplinen liegen damit insgesamt (und auch in den Einzelstaaten) in der Beliebtheit klar vor den Fachgebieten Medizin/Gesundheit und Ingenieurwissenschaften/Architektur/Verkehr/Nachrichtenwesen, die jeweils einen Anteil von 17 Prozent aufweisen.

Eine Karriereplanung ist unbedingt notwendig, man sollte nichts dem Zufall überlassen. Man braucht dabei nicht zu schnell zu machen, darf aber die Zeitkomponente nie aus den Augen lassen. Jungen Menschen empfiehlt sich der Abschluß von Dreijahresplänen, in denen Schritt für Schritt vorgegangen wird. Jedenfalls sollte man nicht zu lange studieren und den ersten wirklichen Karriereschritt zwischen 30 und 35 Jahren machen. GÜNTHER WÖSS

Mehr Mobilität: „ERASMUS"

Das „EuRopean Action Scheme for the Mobility of University Students" fördert transnationale Zusammenarbeit und Austauschprogramme zwischen Institutionen im tertiären Bildungsbereich (Universitäten, Kunsthochschulen, pädagogische und medizinisch-technische Akademien etc.).

An vielen Universitätsinstituten gibt es einen ERASMUS-Koordinator, der ein bestimmtes Austauschkontingent (jährlich ein Trimester oder Semester oder mehr, für einen oder mehrere Studenten) mit verschiedenen Partneruniversitäten im EU-Ausland zur Verfügung hat. Größe und Vielfalt dieses Angebotes variieren je nach Engagement des Koordinators und Interesse der Studenten, wobei manche Institute überhaupt keine Programme vorweisen können. Über die jeweils angebotenen HKP, die Aufenthaltsdauer sowie Möglichkeiten der sprachlichen Vorbereitung informieren der Institutskoordinator sowie das Auslandsbüro der Stammuniversität. Wer sich für eine der vom Heiminstitut angebotenen Partnerunis interessiert, sollte sich beim Institutskoordinator über die besonderen Kriterien für die Auswahl der Austauschstudenten erkundigen. Diese Kriterien werden nämlich jeweils vom Koordinator bestimmt und reichen von informellen Entscheidungen über geforderte Notendurchschnitte bis hin zu bestimmten Leistungs- oder Sprachnachweisen.

Die allgemeinen Voraussetzungen für eine Zulassung zu ERASMUS sind folgende:

- ein Studium zumindest im dritten einrechenbaren Semester
- ein geplanter ERASMUS-Aufenthalt von mindestens einem Trimester (drei Monate) bis maximal ein Jahr, wobei pro Semester vier Wochenstunden bzw. eine Bestätigung des Diplomarbeits-/Dissertations-Betreuers über den erfolgreichen Fortgang an der Arbeit notwendig sind
- man hat noch kein ERASMUS-Mobilitätsstipendium in Anspruch genommen
- eine Altersgrenze von 35 Jahren
- eine EU- oder EWR-Staatsbürgerschaft oder ein ähnlicher Status

Wann man sich um einen Auslandsplatz bewerben muß, ist je nach Institut und Nachfrage unterschiedlich. Als Richtwert gilt aber: ein Jahr vor dem geplanten Aufenthalt.

Ist man einmal vom ERASMUS-Koordinator ausgewählt, erhält man ein die Kosten zum Teil deckendes ERASMUS-Mobilitätsstipendium (Reisekostenzuschuß, erhöhte Lebenskosten) und ist von den Studiengebühren an der Gasthochschule befreit. Eigentlich sollte die akademische Anrechnung der im Ausland zu erbringenden Studienleistung im voraus gewährleistet werden, was aber nicht an allen Instituten eingehalten wird. Deshalb sollte man sich rechtzeitig über die Anerkennungspraxis informieren, um nicht böse Überraschungen zu erleben.

Ebenfalls erkundigen sollte man sich über die Einreise- und Aufenthaltsbestimmungen des jeweiligen Gastlandes (bei den Vertretungsbehörden) sowie über die Versicherungsmodalitäten und

Möglichkeiten der Weiterversicherung im Inland (bei der zuständigen Krankenversicherungsanstalt).

Bevor man in den Beruf einsteigt, sollte man ausgiebig in sich hineinhören, wie man sich sein eigenes Leben vorstellt. Ob man eher in einer großen Hotelkette Karriere machen möchte oder eher zur Selbständigkeit tendiert. Auslandsaufenthalte sind sehr wichtig, es kann sehr sinnvoll sein, im Ausland Job-hopping zu betreiben, solange man noch aufsteigen kann. ELISABETH GÜRTLER

Ab 1997 soll die Organisation der ERASMUS-Verwaltung übrigens etwas verändert werden. Ein einziger institutioneller Vertrag pro Universität (statt der einzelnen HKP der einzelnen Institute) und die Einsetzung eines Zentralkoordinators der gesamten Hochschule sind geplant. Ob dann die Auswahl der ERASMUS-Stipendiaten weiterhin von Institutskoordinatoren vorgenommen werden wird, ist derzeit noch offen.

Mobilität abseits von Bildungsprogrammen

Natürlich kann man auch außerhalb des ERASMUS-Programms in anderen EU-Staaten studieren. Hier gilt es, folgende praktische Hinweise zu beachten:

- Man muß sich selbst über Studienangebot, Zulassungs- und Anrechnungsbedingungen am jeweiligen Hochschulort informieren.
  Anlaufstellen sind u. a. die jeweiligen Zieluniversitäten, die Botschaften, Ministerien und das Auslandsbüro/Zentrum für Auslandsstudien der Stammuniversität.
- Wenn man eine Teilanrechnung (d. h. Anrechnung eines Semesters, eines Jahres etc. im Ausland) anstrebt, kann man sich mit den konkreten Unterlagen der Zieluniversität schon im vorhinein beim jeweiligen Studienkommissionsvorsitzenden einen Vorabbescheid zur Anerkennung eines bestimmten Stundenplanes sichern.
- Wer in einem anderen Land einen Abschluß erzielt hat, kann bei der jeweiligen Heimatuniversität um die Nostrifizierung des Auslandsstudiums ansuchen. Sie verleiht beispielsweise

einem ausländischen Studienabschluß dieselben Wirkungen wie dem korrespondierenden österreichischen Abschluß. Man ist dann auch berechtigt, den entsprechenden österreichischen Titel zu führen.
Dazu werden von der Heimatuniversität Dauer, Inhalt sowie Ausbildungsstufe und -art des Auslandsstudiums auf Vergleichbarkeit geprüft, manchmal Gutachten aus dem Wissenschaftsministerium eingeholt und nötigenfalls Ergänzungsleistungen verlangt.

Die Grundvoraussetzungen für eine Nostrifikation sind ein ordentlicher Wohnsitz in Österreich oder die Bewerbung um eine dem Studium entsprechende Anstellung im Land, die den Besitz eines österreichischen Titels erfordert.

Für Fragen der Anerkennung und Vergleichbarkeit von Studienleistungen im Ausland, aber auch für Fragen ausländischer Hochschulsysteme sind die jeweiligen Informationsstellen für Anerkennungen, Gleichwertigkeiten und Mobilität im Hochschulbereich der regionalen Ministerien für Wissenschaft und Forschung zuständig.

Neue Formen des Erwerbs

Zukunft Telearbeit

Egal, ob die persönliche Ausbildung im In- oder Ausland erfolgte: Wer an seiner Berufslaufbahn arbeitet, sollte dabei durchaus auch das freie Unternehmertum – entweder mit einer eigenen Firma oder vielleicht auch als freiberuflicher Dienstleister – als reelle Möglichkeit ins Auge fassen. Der Weg in die Selbstständigkeit ist nicht nur dann sinnvoll, wenn eine gute geschäftliche Idee vorhanden ist. Auch wenn es im derzeitigen Job nicht so recht weitergehen will, ist er überlegenswert. So überwand beispielsweise Michael Grabner einen beruflichen Knackpunkt – „Ich hatte einst einen Vorgesetzten, der für meinen damaligen Erfahrungshorizont einfach zu stark und dominant gewesen ist, und ich konnte ihm kein wirklicher Widerpart sein" – dadurch, daß er sich zwischendurch selbständig gemacht hatte.

Marktlücken oder die plötzliche Nachfrage nach bestimmten Tätigkeiten können ebenso ein Anlaß dafür sein, gerade im High-Tech-Zeitalter. Was auch Britta Steilmann bestätigt: „Der Informations-Highway ist nicht mehr aufzuhalten, in Zukunft wird vieles Zwischenmenschliche über den Bildschirm laufen, man wird dann binnen Sekunden Entscheidungen treffen müssen."

So werden etwa in der Dienstleistungbranche – sie soll ja künftig der wesentliche Motor für die wirtschaftliche Entwicklung sein – große Hoffnung in Bereich Telearbeit gesetzt. Damit sollen Kosten gespart und den Menschen neue Beschäftigungsmöglichkeiten eröffnet werden. Zehn Millionen solcher mobilen Arbeitsplätze in Europa soll es laut EU bereits im Jahr 2000 geben. Vorreiter sind die skandinavischen Staaten und Großbritannien, die Zahl der Telearbeiter in Österreich dagegen beläuft sich derzeit noch lediglich auf einige tausend. Was aber nicht mehr lange so bleiben soll: In vielen Bereichen, vor allem in der Telekommunikationsbranche, im Forschungsbereich und am Dienstleistungssektor werden gerade neue Arbeitsplätze vorbereitet.

> *Ich habe begonnen mit der Vision, aus eigener Kraft Unternehmer zu werden. Ich habe mit wenig angefangen und konnte nicht sagen, wo der Weg hinführen wird. Ich habe es einfach probiert und sozusagen DKT auf echt gespielt. In den ersten drei Jahren hätte mir wohl jeder Unternehmensberater das Prädikat zum Zusperren gegeben. Am Anfang hat sehr wenig funktioniert, ich habe aber finanziell nichts über meine Verhältnisse riskiert und höchstens meine Gesundheit aufs Spiel gesetzt.* ATTILA DOGUDAN

Besonders positive Erfahrungen gemacht haben die Niederlande, wo 1991 die Bildschirmarbeit im Verkehrsministerium eingeführt wurde. 60 Freiwillige bekamen die technische Ausrüstung inklusive zweiter Telefonleitung zur Verfügung gestellt. Das Pilotprojekt war so überzeugend, daß seit 1993 jeder Mitarbeiter im Verkehrsministerium die Chance zur Telearbeit erhält. Immerhin rund 400 Angestellte haben bis dato dieses Angebot wahrgenommen.

Der Weg in die Selbständigkeit

Kein Wunder, denn von einer neuen Form der Arbeit, mit mehr Unabhängigkeit und individuellen Freiräumen, träumen viele. Ebenso wie vom Sprung in die Selbständigkeit. Immer mehr Menschen erscheint das eigene Unternehmen – und sei es nur ein Ein-Mann-Dienstleistungsbetrieb – als höchstes aller Ziele. Und für viele ist es obendrein nicht selten die letzte Hoffnung, der eigenen beruflichen Entwicklung nochmals einen entscheidenen Kick zu geben oder in sinnvoller Weise in den Arbeitsprozeß wiedereinzusteigen.

Damit der Wunschtraum von der betrieblichen Unabhängigkeit nicht zum Alptraum mutiert und das eigene Unternehmen nicht zum Flop gerät, ist eine intensive Vorbereitung unabdingbar. Wer blauäugig in die Selbständigkeit geht, fällt meist auf den Bauch. Die Wirtschaftskammern bieten deshalb regelmäßig Gründerseminare an. Da können Jungunternehmer erfahren, was die Kon-

kurrenz macht, welche Qualifikationen der Gründer braucht und ob der Staat Fördermittel zahlt. Außerdem stehen kaufmännische Grundkenntnisse auf dem Stundenplan.
In vielen Fällen wird eine Weiterqualifizierung sogar gesetzlich gefordert, sei es vom Gründer eines Taxiunternehmens oder vom selbständigen Steuerberater. Titel wie geprüfter Anlage- und Vermögensberater, technischer Betriebswirt oder Marketing-Assistent machen sich nicht nur auf Visitenkarten und Türschildern gut. Sie bereiten vielfach auch den Weg für den beruflichen Aufstieg mit dem eigenen Unternehmen, stehen doch dahinter in der Regel allgemein anerkannte Abschlüsse. Solche Kurse können Sie übrigens auch dort absolvieren, wo später die Prüfung abgenommen wird – bei den Industrie- und Handelskammern sowie den Berufsverbänden.

> *Wer tüchtig ist, kann in unserer Branche schon nach fünf Jahren in eine gute Position gelangen. Viele machen sich auch nach zehn bis zwölf Jahren selbständig.* AGNES HUSSLEIN

Die wichtigsten Schritte zum Unternehmertum

Was Sie tun müssen, damit der Anfang auch gelingt:
- Genau planen und das tun, was Sie können
- Exakt kalkulieren und alle Rechnungen sammeln
- Eigenes Inventar und Geräte einbringen
- Gut auftreten und Werbung machen
- Informationen nutzen und Nützliches kopieren
- Abläufe gut organisieren und Unwichtiges delegieren
- Keine Angst haben und gesunde Härte zeigen
- Hobbys zurückstecken und beharrlich an der Umsetzung arbeiten
- Auch bei Rückschlägen nicht aufgeben

Ohne Rechnen geht gar nichts

Um herauszufinden, wieviel Startkapital Sie für die Erfüllung Ihres Vorhabens letztlich benötigen werden, müssen die anfallenden Kosten den möglichen realistischen Einnahmen möglichst

exakt gegenübergestellt werden. Seien Sie dabei unbedingt ehrlich: Natürlich können Sie sich selbst belügen und die Einnahmen optimistisch hoch und die Ausgaben entsprechend niedriger ansetzen. Doch das hat wenig Sinn. Rechnen Sie lieber gleich ganz genau aus, was alles wirklich kosten wird.
Die Höhe des Kapitalbedarfs ist natürlich von Fall zu Fall verschieden und hängt von einer Reihe von Faktoren ab. Beispielsweise von der Betriebsgröße. Ein Minibüro braucht naturgemäß weniger Kapital als eine Fabrik, die Sie gründen wollen.
Auch die angestrebte Umsatzhöhe ist von Relevanz: Ein höherer Umsatz benötigt hohe Erstinvestitionen und hat laufend höhere Kosten für Materialien, Personal oder Werbung. Überlegen Sie, wie sich die nötigen Ausgaben für den Start in Grenzen halten lassen. Mieten oder Leasing senkt die Kosten – wer eine Anlage kaufen muß oder deftige Investitionsablösen zu begleichen hat, der braucht auch mehr Eigenkapital. Da ist das Geld unter Umständen schon weg, bevor noch aufgesperrt werden kann.
Wenn Sie sich als Consulter selbständig machen wollen, müssen Sie sich selbst, eine Sekretärin und ein Büro bezahlen. Manch hochbezahlter Berater begann aber auch ohne: von der eigenen Wohnung aus, die Frau als Telefonistin. Damit senken Sie die Kosten spürbar. Doch in den meisten Branchen ist eine Startinvestition von ein bis zwei Millionen Schilling (150.000 bis 250.000 DM) Voraussetzung.

Für besonders attraktiv halte ich selbständige Dienstleistungsberufe wie beispielsweise Arzt, Jurist, aber auch Unternehmens- oder Umweltberater. Der Weg in die Selbständigkeit ist immer überlegenswert. MARTINA PECHER

Checklist: Umsetzung von Ideen

Sobald Sie Ihre Geschäftsidee gefunden haben, müssen Sie deren Tragfähigkeit prüfen. Die Beantwortung folgender Fragen kann Ihnen dabei helfen. Stichworte reichen, beantwortete Fragen haken Sie ab.

Wie bekannt ist mein Produkt/meine Dienstleistung?

Welchen Nutzen hat mein Angebot?
Was halten Freunde/Bekannte von dem Produkt/der Dienstleistung?
Gibt es bereits ähnliche Produkte?
Was kostet mein/e Produkt/Dienstleistung?
Wie groß ist der Aufwand bei Verkauf des Produkts/der Dienstleistung?
Muß ich kostenintensive Zusatzleistungen erbringen?
Muß ich besondere juristische oder bürokratische Hürden überwinden?
Wer sind meine Kunden?
Wie erreiche ich meine Zielgruppe werblich?
Wer sind meine Konkurrenten?
Was kostet mein/e Produkt/Dienstleistung bei Konkurrenten?
Welchen Zusatznutzen kann ich bieten?
Welche Lebensdauer hat mein Produkt?
Wie oft nutzt ein Kunde meine Dienstleistung?
Wie biete ich das Produkt/die Dienstleistung an?
Wie hoch sind meine Startkosten ungefähr?
Gibt es vergleichbare Branchen, an denen ich mich orientieren kann?
Wie könnte die Entwicklung in meiner Branche aussehen?
Wo liegen die Risiken?

Einstieg mit System

Sollten sie sich nicht hundertprozentig sicher sein, in welcher Branche oder mit welchem Produkt Sie sich selbständig machen wollen, brauchen Sie den Traum vom eigenen Betrieb dennoch nicht ad acta legen. Treten Sie einfach in die Fußstapfen eines erfolgreichen Unternehmers, der bereits vorgezeigt hat, wie es funktionieren kann, und sein Know-how gegen Lizenzgebühr anderen zur Verfügung stellt. Die Rede ist von Franchisesystemen, die stark im Kommen sind. Sie ermöglichen es Jungunternehmern, ein Geschäft nach bereits meist weltweit bewährtem System unter Nutzung der vollen Markenbekanntheit zu eröffnen.
Die Idee stammt aus den Vereinigten Staaten und hat vor allem

durch die Aktivitäten des Fast-food-Multis sowie diverser Textilhandelsunternehmen, die einen Großteil ihrer Filialen auf Franchisebasis betreiben, stark an Boden gewonnen.
Das System ist sehr einfach: Der potentielle Unternehmer bringt seine Gewerbeberechtigung, einen vorgeschriebenen Kapitalanteil sowie überduchschnittliche Leistungsbereitschaft mit. Dafür erhält er umfangreiche Einschulungen für sich und sein Personal, Infrastruktur, Corporate identity, Gebietsschutz, eingeführte, erfolgreiche Produkte sowie werbliche Unterstützung beigestellt. Dadurch ergibt sich jedoch auch die Kehrseite der Medaille, nämlich die Eingeschränktheit des kaufmännischen Handelns. Es ist absolut notwendig, sich in Geschäfts- und Sortimentsgestaltung, Kleidung, Auftreten, Mitarbeiterführung und Umgang mit den Kunden an genaue Richtlinien zu halten, die vom jeweiligen Mutterkonzern vorgegeben werden. Andererseits kann sich der Franchisenehmer darauf verlassen, daß in seinem eigenen Interesse auf die Einhaltung dieser Spielregeln gepocht wird – immerhin haben gerade sie den Konzern so erfolgreich gemacht, daß Sie dazugehören möchten.

Die Gastronomie und die Hotellerie bieten nach wie vor die klassische amerikanische Karrieremöglichkeit nach dem Muster „vom Tellerwäscher zum Millionär". Vorausgesetzt, man ist bereit, auch an sich zu arbeiten.
GÜNTHER WÖSS

Denken Sie nach reiflicher Überlegung tatsächlich daran, den Einstieg ins Franchisesystem zu wagen, sollten Sie sich jedenfalls für eine Geschäftsidee entschließen, die Hand und Fuß hat und auch zu Ihnen paßt. Auch wenn die Idee von einem neuartigen Sonnenstudio vielleicht noch so lukrativ erscheinen mag, Sie dazu aber eigentlich keinen Bezug haben, sollten Sie besser die Finger davon lassen. Wählen Sie jedenfalls nur ein seriöses Franchisesystem, und beginnen Sie nur mit genügend Eigenkapital. Auch wenn die Partner großzügige finanzielle Unterstützung für Lokal und Ausstattung gewähren, hat die Sache nur dann Sinn, wenn nicht von Beginn an jeder Schilling in die Rückzahlung diverser Darlehen fließt.
Auch aufs Verhandeln sollten Sie nicht verzichten. Zwar sind die

Verträge zwischen Geber und Nehmer meist standardisiert, gewisse Adaptionen zu Ihren Gunsten sind aber aushandelbar.
Und wenn Sie ein bereits bestehendes Lokal übernehmen, wo ein Vorgänger gescheitert ist, sollten Sie die Gründe dafür unbedingt hinterfragen und auch mit dem Exbetreiber ein Schwätzchen halten. Vielleicht ist der Standort doch nicht ganz so gut, wie man Ihnen weismachen wollte. Und last, but not least sollten Sie auf die Kündigungsdauer achten. Es gibt Systeme, bei denen zwar kein Eigenkapital nötig ist, die Verträge aber binnen weniger Wochen aufgelöst werden können.

Niederlassungen in der EU

Besonders reizoll kann auch der Weg in die Selbständigkeit im riesigen europäischen Binnenmarkt sein, wenngleich er mit einer Reihe von Hürden versehen ist. Für die Niederlassungs- und Dienstleistungsfreiheit sowie die Vergabe von Gewerbeberechtigungen gibt es keine einheitlichen Rechtsvorschriften. Die EU gibt vielmehr gewisse Rahmenbedingungen und allgemeine Anerkennungsrichtlinien vor, die der Koordination der unterschiedlichen nationalen Regelungen dienen.
Grundsätzlich darf jeder EU-Bürger in Europa ein Unternehmen gründen und betreiben, und zwar zu denselben Bedingungen, die der jeweilige Aufnahmestaat für seine eigenen Staatsangehörigen vorsieht (Grundsatz der Inländergleichbehandlung/Diskriminierungsverbot).

Unter das Niederlassungsrecht fallen:

- Alle selbständig Erwerbstätigen des gesamten volkswirtschaftlichen Geschehens. Begünstigt sind also Industrie, Handel, Handwerk, Gewerbe, Kredit- und Versicherungswesen, Landwirtschaft, Urproduktion, Berufssport, aber auch die freien Berufe.
- Sowohl natürliche als auch juristische Personen, die entsprechend den regionalen Rechtsvorschriften Sitz, Hauptniederlassung oder Hauptverwaltung innerhalb der EU haben, sowohl Neugründungen als auch Standortverlegungen, Tochtergesellschaften und Zweigniederlassungen.

> *Ich wollte eigentlich immer selbständig werden, war aber bei der Wahl der Unternehmen, die ich in Auge gefaßt hatte, sehr wählerisch und anspruchsvoll. So wurde es von Jahr zu Jahr schwieriger, ein geeignetes Unternehmen zu finden, das ich mir auch leisten konnte. Wenn ich mir jetzt anschaue, auf welch riesiger Klaviatur ich in meiner jetzigen Position spielen kann, so wäre das als Selbständiger nicht möglich gewesen.*
> GÜNTHER WÖSS

Eine Niederlassung ist charakterisiert durch den Willen zur langfristigen Integration in die Wirtschaft eines anderen Staates. Dieser drückt sich vor allem durch eine feste Bindung an den jeweiligen Standort (ständige Präsenz), das Vorhandensein fester Geschäftseinrichtungen und den Tätigkeitsschwerpunkt des Unternehmens im Aufnahmestaat aus. Benötigt etwa ein Selbständiger weder feste Einrichtungen noch ständige Präsenz im Aufnahmeland, gilt für ihn dennoch das Niederlassungsrecht, wenn sich sein gesamter Kundenstamm im Gastland befindet.
Innerhalb der Gemeinschaft müssen Angehörige aller EU-Staaten uneingeschränktes Einreise- und Aufenthaltsrecht in jedem Mitgliedsstaat zugestanden bekommen (Rechtsanspruch). Luxemburg darf aufgrund seines hohen Ausländeranteils von etwa 30 Prozent als einziges EU-Land den Zuzug von Ausländern beschränken. Dieses Recht gilt aber auch für bestimmte Begleiter: Ehegatten, Kinder unter 21 Jahren, Verwandte sowie deren Ehegatten, denen sie Unterhalt gewähren.

Die Berufszulassung

Die EU zielt nicht auf eine Vereinheitlichung der Berufszulassungsrechte der einzelnen Mitgliedsstaaten ab, sondern auf deren Koordination. (Österreich muß keine wesentlichen Änderungen der Berufsausbildung vornehmen. Anpassungen sind nur bei den Zahnärzten in Form der Einrichtung eines eigenen Facharztstudiums sowie bei der Ausbildung zum HTL-Ingenieur notwendig.) Dementsprechend unterschiedlich sind die Bedingungen in den verschiedenen Ländern. Während etwa die österreichische Gewerbeordnung sehr stark reglementiert ist, gelten in der Mehrheit der EU-Staaten viel schwächere Bestimmungen.
Grundsätzlich ist innerhalb der EU die gegenseitige Anerkennung von Diplomen, Prüfungszeugnissen und anderen Befähigungsnachweisen vorgesehen. (Dies gilt auch für Inländer, die ihre Qualifikationen im Ausland erworben haben.) Hierzu gibt es eine Reihe von Richtlinien.
Da aber nicht alle Bereiche durch Richtlinien geregelt und die nationalen Erfordernisse oft sehr unterschiedlich sind, werden in verschiedenen Bereichen für die Berufszulassung Zusatzerfordernisse

verlangt. Meist reicht ein Nachweis über eine gewisse Zeit beruflicher Praxis (in der Regel drei bis sechs Jahre) – als Ersatz für mangelnde fachliche Befähigungsnachweise – zur Berufszulassung in einem anderen Land aus. In anderen Fällen sind Eignungstests, Äquivalenzprüfungen oder Anpassungslehrgänge notwendig.

Unternehmertum kann man nicht zur Gänze lernen – entweder man hat es oder nicht. Es gibt ja zahlreiche erfolgreiche Selfmademen, und es gibt umgekehrt viele Leute, die aus Industriellenfamilien stammen und es trotzdem nicht geschafft haben. Der wichtigste Aspekt bei der beruflichen Karriereplanung ist es, eine Vision zu haben und die jeweils nächste Stufe in Angriff zu nehmen. Wenn ein Tennisspieler bereits im ersten Spiel ans Finale denkt, wird er kaum dorthin kommen. Besser ist es, sich selbst kleine, erreichbare Ziele zu stecken und sich dann die Latte immer ein Stück höher zu legen.

ATTILA DOGUDAN

Innerhalb der EU sind bestimmte Einschränkungen des Niederlassungsrechts zulässig: Die Niederlassungsfreiheit kann vom jeweiligen Aufnahmestaat vom Erfordernis eines Wohnsitzes vor Ort abhängig gemacht werden. Sonderregelungen für Ausländer sind dann möglich und gerechtfertigt, wenn durch eine Person öffentliche Ordnung, Sicherheit oder Gesundheit tatsächlich und hinreichend schwer gefährdet sind. Beschränkungen aus rein wirtschaftlichen Gründen sind hingegen unzulässig.

Die Niederlassungsfreiheit gilt auch nicht im Bereich von Tätigkeiten, die mit der Ausübung der öffentlichen Gewalt verbunden sind. Hierbei handelt es sich um Berufe, die so eng an die Staatsangehörigkeit gebunden sind, daß sie nicht von Ausländern ausgeübt werden dürfen.

Beispiele finden sich vor allem in der staatlichen Hoheitsverwaltung: z. B. Exekutivkräfte, Notare, Streitkräfte, Diplomaten, Steuerverwalter; nicht aber Lehrer, Mitarbeiter in der Gas-, Wasser- oder Stromversorgung oder in den Bereichen Gesundheit und Forschung.

Die Freiheit der Dienstleistung

Die Freiheit der Dienstleistung gewährt jedem Selbständigen, der EU-Bürger ist und seine Tätigkeit in einem Land der Gemeinschaft ausübt, das Recht, Leistungen in jedem anderen Mitgliedsstaat zu erbringen. Wiederum gilt der Grundsatz der Inländergleichbehandlung, wobei in diesem Fall auch die Unterwerfung unter Berufsordnungen oder Standesregeln des Gastlandes verboten ist. Dienstleistungen sind dabei als jede Form entgeltlicher, grenzüberschreitender Leistungserbringung definiert. Unter diese Freiheit fallen neben Gewerbebetrieben und Freiberuflern auch die Tätigkeiten von Bildungseinrichtungen und Rundfunkanstalten. Im Bereich der Finanz- und Telekommunikationsdienste bestehen ebenfalls bereits großteils entsprechende Richtlinien.
Im Gegensatz zur Niederlassung wird bei der Leistungserbringung keine dauerhafte Integration in die Wirtschaft des anderen Staates beabsichtigt. Die Regelungen gelten sowohl für Leistungen, bei denen sich Erbringer oder Empfänger ins Ausland begeben müssen, als auch für solche, bei denen die Dienstleistung selbst die Grenze überschreitet (z. B. Bankdienste). Im wesentlichen gelten auch für Dienstleistungen die bereits für die Niederlassungsfreiheit genannten Beschränkungsmöglichkeiten. Darüber hinaus sind aber auch Einschränkungen aus Gründen des Verbraucherschutzes möglich. Schließlich gelten derzeit auch für Dienstleistungen im Bereich des (Kapital-)Verkehrs noch einige Beschränkungen.

Als Kind eines Kaufmannes war ich schon immer mit dem Geschäftsalltag konfrontiert. Ich habe dann verschiedene Auslandsaufenthalte absolviert und dort auch interessante Leute, von denen ich gelernt habe, kennengelernt. So habe ich in den USA gearbeitet und mir dort das Konzept der Supermärkte genau angeschaut.

KARLHEINZ ESSL

Initiativen für Unternehmer

Die EU ist bemüht, Unternehmen – vor allem Klein- und Mittelbetriebe – durch verschiedenste Maßnahmen zu fördern. Derzeit laufen etwa Initiativen, die europaweiten bürokratischen Hürden für Unternehmer sowohl auf Ebene der EU als auch der Mitgliedsstaaten abzubauen. Gesetze und administrative Abläufe sollen durchforstet und vereinfacht werden, wodurch vor allem Klein- und Mittelbetrieben Kosteneinsparungen ermöglicht werden sollen. Unternehmenskooperationen werden von der EU unter anderem durch das Büro für Unternehmenskooperation (BUK) und das Business Cooperation Network (BC-Net) erleichtert.
Die Förderungen für Selbständige sind je nach Land und Region äußerst unterschiedlich. In Deutschland (vor allem in den neuen Bundesländern) wird etwa sowohl auf Staats- als auch auf Landesebene mehr gefördert als in Österreich. Hier gilt es, sich jeweils über die nationalen und regionalen Fördermöglichkeiten zu informieren, wobei die jeweiligen Außenhandelsstellen hilfreich sind. Für Auskünfte über Förderungen in Österreich informieren beispielsweise neben Wirtschaftskammer, Industriellenvereinigung und Ministerien auch Bankinstitute und die regionalen Europa-Informationsstellen.
Erfahrungen der Vergangenheit haben gezeigt, daß aufgrund der EU-Regelungen mit keinen nennenswerten Wanderungsbewegungen aus oder nach Österreich zu rechnen ist. Ein vermehrter Zuzug von Ausländern ist vor allem im Bereich der freien Berufe zu erwarten.
Die meisten Österreicher, die die Freiheiten in der EU in Anspruch nehmen, dürften aus den Bereichen Dienstleistung (vor allem Tourismus), Gewerbe und Handwerk kommen. Als bevorzugte Ziele zeichnen sich vor allem Deutschland und die Beneluxstaaten (aufgrund von Sprache und intensiven Beziehungen) sowie die südlichen EU-Länder ab. Die Hindernisse für größere Mobilität sind vielfältig. Sie reichen von sprachlichen und psychologischen Gründen über zu geringe Marktkenntnisse bis hin zur Scheu vor fremden Bürokratien. All diese Hindernisse können aber mit Engagement und Hilfe von EU-Beratungseinrichtungen überwunden werden.

Zur Klärung der individuellen Möglichkeiten und Verpflichtungen geht man am besten in mehreren Schritten vor. Insbesondere sind in einem Euro-Info-Center folgende grundsätzliche Fragen zu klären:

- In welchem Beruf möchte ich tätig sein?
- In welchem Land?
- Welche Ausbildung, Qualifikationen und Praxiserfahrungen kann ich vorweisen?

Die jeweilige Beratungsstelle prüft dann aufgrund der individuellen Informationen, ob und wenn welche EU-Anerkennungsrichtlinien in Ihrem Fall zur Anwendung kommen. Welche konkreten Erfordernisse Sie in dem von Ihnen gewählten Land mit Ihren jeweiligen Qualifikationen erwarten und ob Sie diese erfüllen, sagt Ihnen die jeweilige Außenhandelsstelle.
Vielleicht ist der von Ihnen ausgeübte Beruf in Ihrem Zielland ein freies Gewerbe. In diesem Fall brauchen Sie keinerlei Ausbildungsnachweise. Vielleicht werden aber einige Jahre Berufspraxis verlangt, die Sie nachweisen müssen, oder aber sogar Zusatzprüfungen.
Sie besorgen geforderte inländische (Berufspraxis-)Nachweise oder legen bei Bedarf die notwendigen Ergänzungsprüfungen in dem jeweiligen Zielland ab. Fragen zum Niederlassungsrecht und anderen wichtigen Bestimmungen (z. B. Steuersystem, Sozialversicherung, Arbeitsbestimmungen, Eintragungs- und Genehmigungserfordernisse, Wahl der Gesellschaftsform etc.) in dem Land Ihrer Wahl sowie sonstige Fragen werden am besten mit der jeweiligen Außenhandelsstelle oder über sie vermittelte Rechtsanwälte und Steuerberater geklärt.
Die Außenhandelsstellen und lokalen Kammern informieren weiters über Fördermaßnahmen, die je nach Standort und Region äußerst unterschiedlich sind.

Bestimmungen für die EU

Ein umfassender Überblick über alle Bestimmungen jedes EU-Landes ist aufgrund der Unterschiedlichkeit der Regelungen (auch innerhalb der Einzelstaaten) sowie der ständigen Weiterent-

wicklung nicht möglich. Es soll deshalb hier nur ein Eindruck zur groben Orientierung vermittelt werden.
Jeder Interessent sollte sich mit seinem jeweils spezifischen Anliegen und Ausbildungshintergrund an ein Euro-Info-Center und in der Folge an die jeweilige Außenhandelsstelle des bestimmten Landes wenden.

Europa wird starke Konkurrenz aus dem asiatischen Raum bekommen. Für die Lebensmittelbranche ist die Lage schwierig, und die große Frage ist, wieweit der Standort Österreich konkurrenzfähig bleibt.
Der Staat muß sparen, und somit werden auch noch andere Bereiche ihren Gürtel enger schnallen müssen. MARTINA PECHER

Portugal: Der Zugang zu Handwerk und Gewerbe ist sehr frei gestaltet. EU-Bürger können Tätigkeiten in allen Wirtschaftssektoren ausüben, die aufgrund der portugiesischen Gesetze der Privatwirtschaft offenstehen. Ausnahmen davon sind: Post, kommunale Dienstleistungen und Teile der Rüstungsindustrie. Vom freien Handwerkszugang gesetzlich ausgenommen sind: Casino-Bank-Angestellte, Journalisten, Fußballtrainer, Baumeister, Krankenpfleger, Friseure, Kosmetiker, Kosmetikmasseure, Apothekenhelfer, Beschäftigte des Hotelgewerbes, Psychologen, Dentisten, Zahnprothesenhersteller, Reiseführer, Filmübersetzer, in der Filmproduktion Tätige sowie Frachtgutlader, -entlader und -kontrolleure.
Die in Portugal häufigste Unternehmensform ist die Ges. m. b. H.-ähnliche Sociedade por Quotas de Responsibilidade Limitadaì, die ein Mindestkapital von nur 400.000 PTE (etwa 28.000 Schilling) und einen Mindestanteil pro Gesellschafter von ca. 1.400 Schilling voraussetzt. Bei Aufenthalten über einen Zeitraum von mehr als drei Monaten muß man in Portugal eine Wohnsitzkarte beim lokalen Ausländeramt beantragen (Rechtsanspruch).

Großbritannien: Im Vereinigten Königreich gibt es keinerlei gesetzliche Vorschriften über den handwerklichen bzw. gewerblichen Berufszugang und die Berufsausübung. Gewerbe- und arbeitsrechtliche oder sonstige Genehmigungen sind also nicht not-

wendig. Allerdings spielen in Großbritannien in der Praxis Zusammenschlüsse von Handwerkern einzelner Berufsgruppen auf privatrechtlicher Basis eine erhebliche Rolle. Die Mitgliedschaft ist grundsätzlich freiwillig, in vielen Fällen ist sie aber zum beruflichen Erfolg anzuraten. Die Aufenthaltsdauer ist für EU-Bürger unbeschränkt, solange sie für ihren Lebensunterhalt selbst aufkommen.
Die beliebteste Unternehmensform für Handwerksbetriebe in Großbritannien ist die Private Limited Liability Company, die eine Eintragung in das Handelsregister erfordert. Für Einzelgewerbetreibende und Personenzusammenschlüsse ist diese hingegen nicht verpflichtend. Statt dessen kann man Name des Betriebsinhabers und Betriebsadresse auf allen Geschäftsunterlagen sowie in der Betriebsstätte gut sichtbar anbringen.

> *Jeder sollte sich für das entscheiden, was ihm am meisten liegt. Handwerker sind für die Gesellschaft ebenso unverzichtbar wie Akademiker. Ein Studium ohne Begeisterung bringt nichts. Ebenso wie es schlecht ist, wenn sich jemand unter seinen tatsächlichen Möglichkeiten verkauft.* HELMUT PECHLANER

Irland: Zugang und Ausübung aller gewerblich-handwerklichen Tätigkeiten sind in Irland frei. Wie in Großbritannien ist nur bei bestimmten Unternehmensformen eine Eintragung ins Handelsregister vorgesehen. Für Betriebe, die nicht in Form einer juristischen Person oder Personengesellschaft organisiert sind, ist keine Registrierung notwendig. Angemeldet werden müssen nur Unternehmen mit einem Geschäftsnamen, der vom Namen des Eigentümers abweicht. Für Aufenthalte, die drei Monate überschreiten, und für die Aufnahme einer Erwerbstätigkeit, muß eine Aufenthaltserlaubnis (unter Nachweis ausreichender Mittel für den Unterhalt) beantragt werden (Rechtsanspruch).

Finnland: In Finnland herrscht beinahe vollkommene Gewerbefreiheit. Zur Gewerbeausübung bedarf es nur der Gründung einer Gesellschaft und deren Eintragung ins Handelsregister. Ausbildungs- und Befähigungsnachweise werden nur für folgende Berufe verlangt: Rechtsanwalt, Buchprüfer, Zahntechniker, Optiker,

Krankenpfleger, Radiologe, medizinischer Labortechniker, Physiotherapist, gehobene Seefahrberufe.
Im Falle eines Aufenthalts von mehr als drei Monaten muß eine Aufenthaltsgenehmigung eingeholt werden (Rechtsanspruch). Dazu ist eine Anmeldung beim Patent- und Handelsregister ratsam, da für die Erlangung einer Aufenthaltsgenehmigung die selbständige Tätigkeit nachgewiesen werden muß. Die häufigste Unternehmensform ist in Finnland die Aktiengesellschaft.

Dänemark: Für die meisten Gewerbe ist keine Genehmigung oder Registrierung notwendig. Sonderbestimmungen, denen zufolge ein Beruf nur mit behördlicher Genehmigung ausgeübt werden darf, gibt es allerdings für Elektroinstallateure, Gas-, Wasser-, Heizungs- und Sanitäranlageninstallateure, Kanalbauer, Schornsteinfeger, Orthopädieschuhmacher und Zahntechniker. Die Dienstleistungsfreiheit im Rahmen dieser Gewerbe ist in der Praxis ebenfalls an einige Bedingungen geknüpft. So müssen etwa Installateure Dänischkenntnisse und Kenntnisse der dänischen Installationsvorschriften nachweisen, was eigentlich gegen EU-Recht verstößt. Bei Aufenthalten von mehr als drei Monaten muß eine Aufenthaltsgenehmigung beantragt werden (Rechtsanspruch).

Italien: Aufgrund der umfangreichen bürokratischen Erfordernisse (viele Genehmigungen und Konzessionen werden verlangt) wird empfohlen, für eine Unternehmensgründung in Italien Fachleute (vor allem Rechtsanwälte und Steuerberater) mit der formalen Abwicklung zu betrauen. Die Außenhandelsstellen können bei der Suche nach Experten helfen. Da die Bestimmungen lokal und regional stark variieren können, hält man sich am besten an die lokale Handelskammer.
Aus Haftungsgründen werden die meisten Firmen von Ausländern als Kapitalgesellschaften, vor allem als G. m. b. H., gegründet, wobei die Gründungskosten im Vergleich mit anderen EU-Staaten recht hoch sind.
In gewerberechtlicher Hinsicht bestehen in Italien teilweise strengere Regeln als in Österreich. Befähigungsnachweise verlangen moralische und berufliche Voraussetzungen, die von der zu-

ständigen Handelskammer überprüft werden. Und Lizenzen sind an Bedarfsprüfungen der Gemeinde gebunden.
Im Bereich der Industrie ist in der Regel kein Befähigungsnachweis notwendig.
Handwerksbetriebe müssen in die Handwerksrolle eingetragen und dürfen nicht als Kapitalgesellschaft gegründet werden. Teilweise werden Befähigungsnachweise (Schulabschluß und/oder Praktika) – etwa im Falle von Installationsbetrieben und mechanischen Werkstätten – verlangt; für eine ganze Reihe von Gewerben – Friseure, Schönheitssalons, Taxiunternehmen – wird eine Lizenz gefordert.
Für Handelsunternehmen und im Gastgewerbe sind grundsätzlich Befähigungsnachweis, Eintragung in das Register der Handelstätigen sowie eine Linzenz nötig.
Für Dienstleistungen gilt dasselbe, wobei hier aber noch zahlreiche Sonderbestimmungen hinzukommen.
Aufenthaltsgenehmigungen sind bei Verbleib für einen Zeitraum von über drei Monaten zu beantragen (Rechtsanspruch).

Wer nach seiner Berufsausbildung ein Jahr im Ausland anhängt, erweitert damit sicher seinen Horizont. In jedem Fall empfehlenswert.
VERA RUSSWURM

Schweden: Prinzipiell herrscht in Schweden Gewerbefreiheit, wobei allerdings eine (einfache) Registrierung verpflichtend ist. Sondergenehmigungen (durch jeweils zuständige Behörden) werden für folgende Bereiche verlangt, die mit besonderen gesellschaftspolitischen Interessen bzw. Gefahren verbunden sind: Handel mit Pharmazeutika, Auskunftsbüros, Waffenerzeugung, Einfuhr von Fleisch und Fleischerzeugnissen.
Es empfiehlt sich, die zuständige örtliche Branchenvereinigung (Kontakt über die Außenhandelsstelle) über die Notwendigkeit eines Befähigungsnachweises zu befragen.
Die häufigste Organisationsform ausländischer Betriebe ist die Privataktiengesellschaft, die mit der österreichischen Ges. m. b. H. vergleichbar ist. Aufenthaltsgenehmigungen sind bei mehr als drei Monaten Aufenthalt bei der schwedischen Polizei zu beantragen (Rechtsanspruch).

Auslandserfahrung ist in allen Berufszweigen wichtig, weil sie den Horizont öffnet. Speziell am Anfang der beruflichen Karriere wird einem im Ausland viel Sympathie entgegengebracht. Je länger man sich im Ausland aufhält, desto besser – nach drei Monaten beginnt man erst, die fremde Sprache einigermaßen zu verstehen. Allerdings sollte man darauf achten, während dieser Zeit nicht den Anschluß in der Heimat zu verlieren. Wenn man aber im Ausland wesentlich mehr weiterbringt als zu Hause, kann man sich durchaus überlegen, dort zu bleiben.
RUDOLF SCHABUS

Griechenland: Die griechische Gesetzgebung bezüglich der Ausübung gewerblicher Tätigkeiten ist besonders unübersichtlich und unklar. Darüber hinaus können sich bei der Berufszulassung gewisse Probleme ergeben. Vor allem eine EU-Richtlinie zur Erleichterung der Ausübung handwerklicher Tätigkeiten wird von den Behörden oft nicht eingehalten, was immer wieder Rechtsstreitigkeiten und langwierige Verfahren zur Folge hat.
Für bestimmte Gewerbe (Elektriker, Maschinentechniker, Brunnenbauer, Kfz-Mechaniker und andere Berufe im Kfz-Bereich, Optiker, Bauingenieure, Architekten) ist in Griechenland eine behördliche Lizenz erforderlich, die einen Befähigungsnachweis in Form einer entsprechenden Ausbildung und Prüfung voraussetzt. Für die Lizenzerteilung sind je nach Beruf verschiedene Ministerien bzw. Dienststellen zuständig.
Zur Ausübung einer gewerblichen Tätigkeit in Griechenland sind ferner unter anderem nötig:

- Zur Betriebsaufnahme eines Handwerksbetriebes ist eine Aufenthaltsgenehmigung (Rechtsanspruch für EU-Bürger), eine Betriebserlaubnis und nach Aufnahme der Tätigkeit eine Anmeldung bei der örtlich zuständigen Handwerkskammer erforderlich.
- Weiters müssen Handwerksunternehmen in verschiedenen Fällen Niederlassungsgenehmigungen beantragen.
- In manchen Berufen werden spezielle Genehmigungen zur Einhaltung von Preisvorschriften sowie aus Gesundheits- und Hygienegründen verlangt (Bäcker, Konditor, Friseur, Getränkeabfüller). Hersteller und Vertreiber von Lebensmitteln oder dergleichen müssen weiters ein Gesundheitszeugnis vorlegen.

- Für bestimmte selbständige Berufe (z. B. Drucker) ist ein Gewerbeausweis erforderlich, der von den zuständigen Berufsorganisationen ausgestellt wird.

Frankreich: In Frankreich ist der Zugang zu gewerblichen Tätigkeiten weitgehend frei. Ausnahmen gelten z. B. für Friseure und Optiker. Ausländische Friseure sind im Rahmen der Berufszulassung von der Vorlage der für Franzosen erforderlichen Diplome befreit, wenn sie ihren Beruf in einem anderen EU-Staat nachweisbar über einen gewissen Zeitraum (je nach Ausbildung drei bis sechs Jahre) ausgeübt haben.
Traditionsgemäß werden in Frankreich viele Betriebe als Aktiengesellschaft gegründet. Eine Aufenthaltsgenehmigung ist in Frankreich bei Anwesenheit von mehr als drei Monaten nötig (Rechtsanspruch). Besonders interessant dürften Frankreich als Standort zahlreiche billige Baugründe, die niedrigen Stromkosten sowie die zahlreichen Förderungen machen.

> *Die Welt wird sich massiv verändern: Es werden neue Transportmittel kommen, der öffentliche Verkehr wird stärker ausgebaut werden und Alternativenergien einen höheren Stellenwert bekommen. Studienabgänger, die sich beispielsweise gezielt mit der Textilindustrie befassen wollen, sollen sich ein bestimmtes Unternehmen raussuchen, sich die Produktionen in den einzelnen Ländern anschauen und sich zusätzlich mit den wichtigsten Branchen auseinandersetzen.*
>
> BRITTA STEILMANN

Niederlande: Das niederländische Gewerberecht gilt nur für Klein- und Mittelbetriebe, nicht aber für Industriebetriebe. Die Grenze, ab der ein Betrieb als Industriebetrieb angesehen wird, ist durch die Anzahl der Beschäftigten (je nach Betrieb unterschiedlich) in 30 Niederlassungsverordnungen festgelegt. Das Gewerberecht sieht eine Genehmigungspflicht für verschiedene gewerbliche Tätigkeiten vor (Tischler, Markthändler, Blumenbinder, Friseur).
Aufenthaltsgenehmigungen sind bei Anwesenheit von mehr als drei Monaten erforderlich (Rechtsanspruch).

Luxemburg: Für die Ausübung jeder industriellen, handwerklichen und kaufmännischen Tätigkeit sowie für gewisse freie Berufe (Architekten und Ingenieure) ist eine vorherige schriftliche Genehmigung der Regierung (Niederlassungsermächtigung) notwendig. Luxemburg hat hierbei aufgrund des hohen Ausländeranteils von etwa 30 Prozent als einziges EU-Land das Recht, den Zuzug von Ausländern einzuschränken. Selbständige, die in Luxemburg nur die Dienstleistungsfreiheit nützen wollen, müssen eine Arbeitsgenehmigung beantragen, was allerdings in der Regel eine Formsache ist.
Vor allem für eine Reihe handwerklicher und handwerksähnlicher Berufe sind Befähigungsnachweise zu erbringen. In der Regel reicht der Nachweis von in einem anderen EU-Staat erworbener Berufserfahrung (drei bis sechs Jahre) als Befähigungsnachweis aus. Für verschiedene Gesundheitsberufe (Optiker, Orthopädieschuhmacher, Bandagist, Zahntechniker) müssen die auch von Luxemburg geforderten speziellen Befähigungsnachweise erbracht werden. Ist wie in Österreich der Zugang zu diesen Berufen im Herkunftsland ebenfalls reglementiert, werden die hier notwendigen Befähigungsnachweise anerkannt. Unter Umständen können aber zusätzliche Erfordernisse – wie Anpassungslehrgänge – verlangt werden.
Bei Aufenthalten, die länger als drei Monate dauern, muß man sich in das Ausländerregister der Gemeindebehörde eintragen, woraufhin man eine Niederlassungserlaubnis in Form einer Aufenthaltskarte erhält (Rechtsanspruch).

Belgien: Trotz grundsätzlicher Gewerbefreiheit bestehen für rund 40 Handwerks- und Handelsberufe besondere Zugangsregelungen. Für diese muß ein Befähigungsnachweis bei der Handwerks- und Gewerbekammer erbracht werden, in dessen Wirkungskreis die Tätigkeit ausgeübt wird.
Voraussetzung für den Erhalt der Gewerbegenehmigung ist eine sogenannte EU-Bescheinigung, ein Nachweis entsprechender mehrjähriger Berufspraxis in einem anderen EU-Staat. Einzelhändler mit weniger als 50 Beschäftigten müssen in den meisten Branchen gewisse Kenntnisse der Geschäftsführung nachweisen, wofür ebenfalls die EU-Bescheinigung beizubringen ist.

Die häufigsten Gesellschaftsformen in Belgien sind die AG und die Ges. m. b. H. Je nach Aufenthaltsdauer gelten unterschiedliche niederlassungsrechtliche Bestimmungen.
Belgien bietet nicht nur aufgrund der Nähe zu den EU-Institutionen Anreize zur Niederlassung. Ein entwickeltes industrielles Umfeld, ausgebaute Verkehrswege und Telekommunikationseinrichtungen, Investitionsförderungen sowie reichlich vorhandener Büro- und Wohnraum zu angemessenen Preisen tragen ebenfalls zur Attraktivität bei.

Es ist fraglich, ob es überhaupt so etwas wie Karriereplanung gibt. Viele erfolgreiche Unternehmer sind ganz einfach einer guten Idee nachgelaufen, haben versucht, diese umzusetzen, und haben dabei nicht primär ans Geld gedacht. MICHAEL GRABNER

Spanien: Der Zugang zu gewerblichen Tätigkeiten ist weitgehend frei und wenig bis kaum geregelt. Die Ausübung der meisten Gewerbe ist in Spanien also weder an Titel noch an Befähigungsnachweise gebunden. Die Gründung eines Einzelunternehmens ist in der Regel nur von der Erfüllung einer Reihe administrativer Voraussetzungen abhängig. Zu den Ausnahmen zählen unter anderem Installateure, Immobilienmakler, technische Zeichner oder Optiker. Für die Ausübung dieser Berufe sind jeweils Befähigungsnachweise erforderlich.
Die am meisten verbreitete Gesellschaftsform in Spanien ist nach wie vor die Aktiengesellschaft. Bei Aufenthalten zwischen drei Monaten und einem Jahr muß eine vorläufige Aufenthaltsgenehmigung beantragt werden; bei einer Anwesenheit, die über ein Jahr hinausgeht, ist eine Aufenthaltsgenehmigung notwendig.

Deutschland: Die Ausübung von Gewerben ist in Deutschland ähnlich stark reglementiert wie in Österreich. Die Aufnahme von Handwerkstätigkeiten ist nur nach Nachweis der Fachkunde (in der Regel durch einen erworbenen Meistertitel) und der Eintragung in die Handwerksrolle bei der zuständigen Handwerkskammer zulässig. Der Kontakt mit dieser ist auch zur Klärung der Frage empfehlenswert, ob ein neu zu gründender Betrieb oder eine gewerbliche Tätigkeit den Vorschriften der Handwerksordnung entspricht. Eingetragen werden nur natürliche Personen, die die vorgeschriebene Befähigung nachweisen können. Aufgrund der Verwaltungspraxis werden österreichische Meisterprüfungen hierbei anerkannt. Wenn ein Beruf in Österreich ohne Erfordernis einer Meisterprüfung schon legal betrieben wurde und Kenntnisse und Fähigkeiten durch langjährige Berufspraxis nachgewiesen werden können, kann die Meisterprüfung durch eine Ausnahmebewilligung (Nachsicht) ersetzt werden.

Im (eigenständigen) Bereich der handwerksähnlichen Berufe (beispielsweise Bodenleger, Theater- und Ausstattungsmaler, Gerüstbauer, Metallschleifer und -polierer) werden neben der Eintragung in ein Register auch längere Berufserfahrung sowie kaufmännische Zuverlässigkeit (Charaktereinschätzung) verlangt. Eine Meisterprüfung ist nicht erforderlich. Dies gilt auch für den Bereich der besonderen Gewerbe (Gastronomie, Handel etc.), in dem Sachkunde (Ausbildung, Berufspraxis) und persönliche Zuverlässigkeit geprüft werden.

Die Ausübung einer Tätigkeit in bestimmten Branchen ist neben einem Fachkundenachweis auch an die Genehmigung des Gewerbeamtes gebunden. Darunter fallen etwa der Handel mit Waffen, unedlen Metallen, freiverkäuflichen Arzneimitteln, aber auch das Gaststätten-, Vermittler- und Verkehrsgewerbe sowie Bauträger und Baubetreuer.

Zur Gewerbeausübung sind in Deutschland eine Meldung bei der Ortspolizeibehörde und dem lokalen Gewerbeamt erforderlich. Bei Aufenthalten, die drei Monate übersteigen, ist eine Aufenthaltsgenehmigung erforderlich (Rechtsanspruch). Der Antrag muß unmittelbar nach der Einreise gestellt werden.

Der Berufseinstieg

Das ideale Unternehmen

Darüber, daß es heute wesentlich schwieriger ist, einen Job zu finden, als früher, sind sich die Durchstarter einig: Wer heute einen Platz bei einem attraktiven Arbeitgeber ergattern will, muß mit einer Vielzahl von Konkurrenten rechnen. „Die Startbedingungen für eine erfolgreiche Karriere sind in Zeiten von Lean Management sicher schwieriger geworden: Überall wird gespart und reduziert", erklärt Michael Grabner, bei dem sich pro ausgeschriebener Stelle statt wie früher 30 oder 40 jetzt oft 100 oder mehr Kandidaten melden: „Jedenfalls gibt es keine andere Methode als die, es so lange zu probieren, bis man bei einem Unternehmen seiner Wahl gelandet ist. Leute, die sich bemühen, gehen nicht unter." Ähnlich auch die Einschätzung von Helmut Pechlaner. Er erhält bis zu 100 Bewerbungen pro Monat, kann aber nur ganz wenige neue Mitarbeiter aufnehmen. Deshalb, so der Tiergartendirektor, sei es besonders wichtig, schon während der Ausbildung Kontakte zu suchen und einen Fuß in die jeweilige Branche zu kriegen.

> *In einem überschaubaren Betrieb können Berufsanfänger wahrscheinlich leichter lernen als in einem großen, wo alles bereits stark spezialisiert ist. Jedenfalls sollte man sich ein dynamisches Unternehmen mit offenem Führungsstil aussuchen, in dem auch auf Teamarbeit Wert gelegt wird. Zweifellos muß sich heute jeder besonders anstrengen. Die Frage, welches Unternehmen das geeignetste ist und wie man dieses findet, muß sich jeder letztlich selber beantworten und sich auch darüber klarwerden, welchen Preis er für den Erfolg zu bezahlen bereit ist.* KARLHEINZ ESSL

So weit, so gut: Wenn Sie sich erst einmal über ihre beruflichen Ziele im klaren sind und wissen, wo Sie in zehn Jahren sein wol-

len, sind Sie bereits in der richtigen Richtung unterwegs. Jetzt geht es vor allem darum, einen bestmöglichen Einstieg ins Berufsleben zu finden. Ob sie bei Ihrer Karrierelaufbahn mehr im Eilzugs- oder eher im Schneckentempo vorwärtskommen, hängt ganz entscheidend auch vom jeweiligen Unternehmen ab. Dessen Wahl ist eine wichtige Entscheidung, für die Sie sich genügend Zeit lassen sollten. Sprechen Sie mit Freunden und Bekannten über deren berufliche Erfahrungen und diskutieren Sie mit Leuten, die sich in der von Ihnen ins Auge gefaßten Branche auskennen. Eigeninitiative ist angesagt: Holen Sie möglichst viele Informationen ein, erkundigen Sie sich über den beruflichen Alltag, die in der Branche üblichen Arbeitsbedingungen, Einstiegs-, Aufstiegs- und Verdienstmöglichkeiten sowie die interessantesten Unternehmen und deren Gepflogenheiten. Je zeitgerechter Sie anfagen, solche Fakten zusammenzutragen – am besten noch während der Ausbildung –, desto eher können Sie Fehlentscheidungen vermeiden: Lassen Sie sich von den in Frage kommenden Unternehmen Geschäftsberichte, Imagefolder oder PR-Material zuschicken, und informieren Sie sich über die Einstellungskriterien. Lesen Sie Fachmagazine, die Wirtschaftsteile der wichtigsten Tageszeitungen sowie den Stellenmarkt, und Sie erhalten nützliche Informationen über die Branche, allgemeine Trends und auch die eine oder andere Detailinformation. Unternehmen mit hoher Mitarbeiterfluktuation und dementsprechendem Betriebsklima erkennt man beispielsweise auch daran, daß sie ständig Personal suchen.
Haben Sie alle nötigen Auskünfte eingeholt und Ihre Entscheidung getroffen, dann wird es ernst: Die Bewerbung bei dem oder den in die engere Wahl gekommenen Unternehmen steht bevor. Wenngleich es dafür kein Patentrezept gibt – bei einer Bank geben andere Kriterien den Ausschlag als bei einer Werbeagentur –, so sollten Sie sich doch an eine Reihe bewährter Methoden und Vorgangsweisen halten. Es gilt, keine Fehler zu machen, übertrifft doch gerade bei renommierten Unternehmen die Anzahl der Bewerber jene der offenen Stellen bei weitem. Grundsätzlich gilt: Große multinationale Unternehmen bieten noch immer die beste Ausbildung nach der Uni an. Sehr unternehmerische, hemdsärmelige Typen sind dagegen wahrscheinlich besser in kleinen Betrieben aufgehoben.

Sinnvoll ist es, sowohl in kleinen als auch großen Unternehmen Erfahrungen zu sammeln. Große bieten ausgefeilte Ausbildungsmöglichkeiten, und in kleinen kann man seine Fähigkeiten als Allrounder entwickeln. Am wichtigsten sind immer die Personen, mit denen man zusammenarbeitet, und die Tatsache, daß man von ihnen etwas lernen kann. Man sollte jedenfalls auf Referenzbasis arbeiten, sich nicht irgendeinen Betrieb aussuchen, sondern nur gute Häuser mit guten Namen. ELISABETH GÜRTLER

Begehrte Arbeitgeber

Beim europäischen Jungmanager-Nachwuchs ist es gerade eine Handvoll von Unternehmen, die eine aussichtsreiche Karriere versprechen und bei denen der Andrang daher besonders groß ist. Nach wie vor liegen die großen internationalen Konzerne in der Gunst ganz oben: Auf Platz eins der Beliebtheitsskala der Nachwuchsführungskräfte liegt der Schweizer Lebensmittelkonzern Nestlé, gefolgt vom Computerkonzern Hewlett-Packard, vor Coca-Cola und dem Beratungsunternehmen Boston Consulting Group. Auf den Plätzen finden sich die klassischen Markenartikler Unilever (Eskimo, Iglo, Kuner), Procter & Gamble (Pampers, Oil of Olaz) sowie Unternehmen wie Sony, BMW oder Shell. Wie eine Befragung unter 450 europäischen Top-Nachwuchskräften – alle zwischen 22 und 30 Jahren alt und mit akademischem Grad, internationaler Erfahrung und zwei bis drei Fremdsprachen ausgestattet – ergab, sind die Karrierechancen im Unternehmen eindeutig das wichtigste Argument bei der Wahl eines Arbeitsplatzes. An zweiter Stelle folgt das Image des jeweiligen Unternehmens und erst auf Platz drei die Höhe des Gehaltes.
Tatsächlich sollten die Entwicklungschancen im Unternehmen der entscheidende Punkt bei der Auswahl eines Arbeitsplatzes sein, wobei besonders Markenartikelkonzerne und Unternehmensberatungen diesen Anforderungen gerecht werden. Die einen bieten ein vielfältiges Seminarangebot und Internationalität, die anderen eine ausgesprochen abwechslungsreiche und vielschichtige Tätigkeit. Als Einsteiger mit Engagement und Dynamik sollten Sie jedenfalls darauf achten, daß Sie möglichst schnell Verantwortung übernehmen können. Was beispielsweise bei Mar-

kenartiklern recht gut funktioniert, wo Leute, die neu ins Marketing einsteigen, schon nach eineinhalb Jahren Produktverantwortlichkeit übernehmen können.

Als erstes gilt es, sich darüber klarzuwerden, welche Vorstellungen im Detail man hat. Dann sollte man sich über das Unternehmen einlesen und erst danach bewerben. Je mehr Branchenkenntnisse man vorzuweisen hat, desto besser. Heute gibt es ja hinlänglich Möglichkeiten, sich ausreichend wirtschaftlich zu informieren. Ich halte internationale Unternehmen für sehr gut, weil dort auch Frauen Karriere machen können. AGNES HUSSLEIN

Da in Zeiten von Lean Management in vielen Unternehmen – beispielsweise in der EDV-Branche – die Hierarchien gestrafft und klingende Titel abgeschafft worden sind, sollten Sie auch auf die internen Entwicklungsmöglichkeiten achten. Unternehmen, die freiwerdende Stellen zuerst den eigenen Mitarbeitern anbieten, gewinnen durch die praxisnahen Training-on-the-Job-Möglichkeiten an Attraktivität. Wer nachweisen kann, daß er bereits in verschiedenen Unternehmensbereichen handfeste Erfahrungen gesammelt hat, hat nicht nur bei der nächsten Bewerbung bessere Karten als seine Konkurrenten. Am schnellsten nach oben kommt man nämlich, wie einschlägige Erfahrungen zeigen, in stark expandierenden Unternehmen sowie in Firmen, die Führungspositionen bevorzugt mit eigenen Nachwuchsleuten besetzen.

Die Bewerbung

Wenn Sie sich um einen neuen Job bewerben, sollten Sie wissen: Es kommt längst nicht nur auf die Fakten an. Bei der tatsächlichen Entscheidung, ob Sie die angebotene Stelle erhalten oder jemand anderer, spielt das Gefühl die Hauptrolle. Die Emotionen geben den Ton an. Die Darstellung der eigenen Persönlichkeit ist für Bewerber somit ebenso wichtig wie die Fakten hinter der Person. Da eine solide Ausbildung, Berufserfahrung oder Fremdsprachenkenntnisse heute weitgehend vorausgesetzt werden, geben persönliche Aspekte wie Ausdrucksfähigkeit, Bereitschaft zur

Teamarbeit sowie Belastbarkeit so gut wie immer den Ausschlag. Die Art und Weise, wie Sie dabei vorgehen und sich präsentieren und welchen Gesamteindruck Sie hinterlassen, ist sozusagen Ihre Visitenkarte. Legen Sie daher entsprechenden Wert auf die Form, vergessen Sie aber nicht auf Ihre individuelle Note. Zeigen Sie sich nicht nur kompetent und informiert über Unternehmen sowie Branche, sondern seien Sie auch kreativ und phantasievoll.

Es ist fraglich, ob heute tatsächlich so viele Auswahlmöglichkeiten bestehen und viele Menschen – z. B. Lehramtsabsolventen – nicht froh sein müssen, überhaupt eine Stelle zu bekommen.

GERTRAUD KNOLL

Im Kampf um begehrte Jobs sorgen nämlich immer mehr Bewerber mit ausgefallenen Methoden und Accessoires für Aufmerksamkeit bei den Personalchefs. Angesichts steigender Arbeitslosenzahlen und sinkender Chancen sind traditionelle Floskeln wie „Hiermit bewerbe ich mich um . . .“ oft zuwenig. Altmodische Formulierungen wie „In der Hoffnung auf positive Nachricht Ihrerseits verbleibe ich . . .“ sind heute hoffnungslos out. Speziell in Großunternehmen, deren Personalbüros jährlich Tausende Bewerbungen erhalten, kann mit einem in persönlichem Ton gehaltenen Schreiben viel erreicht werden. Die zuständigen Personalmanager, welche die Schreiben sichten, suchen geradezu nach ausgefallenen Formulierungen, die sich von der Masse der Briefe unterscheiden und die im Gedächtnis haften bleiben.

Überall wird mittlerweile auf „Persönlichkeit statt Formalismus“ Wert gelegt. Egal, ob ein Nachwuchsmanager bunte Badeschlapfen mit den Worten „Hoffentlich kippen Sie bei meiner Bewerbung nicht aus den Latschen“ verschickt oder ein Barkeeper neben seinen – wohlgemerkt guten – Referenzen auch Cocktailkarten und Shaker mitschickt. Wer auffallen will, muß sich etwas Besonderes einfallen lassen. Allerdings: Die restlichen Unterlagen müssen komplett und gut sein und den üblichen Standards entsprechen. Ausschlaggebend für die Einstellung ist die Kombination aus Kreativität, Kompetenz und beruflicher Erfahrung. Nur mit Bewerbungsschnickschnack allein werden Sie kaum eine Chance haben.

Das Bewerbungsschreiben

Das Bewerbungsschreiben umfaßt üblicherweise einen Lebenslauf sowie ergänzende Unterlagen wie Schul- und Arbeitszeugnisse, ein Foto und gelegentlich auch Arbeitsproben. Damit können Sie sich selbst promoten, harte Fakten bezüglich Ausbildung und Qualifikationen transportieren, aber auch Persönliches mitteilen, das Sie interessant macht und Sie ins Büro des Personalchefs zu einem persönlichen Gesprächstermin bringt. Nehmen Sie sich für die Ausarbeitung Ihrer Bewerbungsunterlagen Zeit, überlegen Sie sich, was Sie sagen wollen und tun dies dann möglichst kurz und sachlich.

Schicken Sie immer das mit, was vom jeweiligen Arbeitgeber verlangt wird. Werden dazu keine Angaben gemacht, genügt ein einseitiger, tabellarischer, gut strukturierter und lückenloser Lebenslauf, ein einseitiges Bewerbungsschreiben und eine Kopie Ihres Abschlußzeugnisses. Beim Lebenslauf können Sie sich überflüssige Anmerkungen über Ihre Volksschulzeit und dergleichen ersparen.

Jeder, der in ein gutes Unternehmen einsteigen möchte, muß von sich aus aktiv werden und sich vor der Bewerbung ausführlich darüber informieren. Das ist gut, weil das beim Vorstellungsgespräch Eindruck macht. Es kann auch sinnvoll sein, von sich aus etwa mit den Worten „Ich weiß, Sie suchen nicht aktiv, aber vielleicht ergibt sich die Möglichkeit...“ anzurufen und mit der jeweiligen Firma in Kontakt zu treten. Die Wahl des idealen Unternehmens hängt auch davon ab, welche Art von Karriere man anstrebt. Bei einer internationalen Laufbahn muß man den Weg anders anlegen als bei einem Managementjob im eigenen Land. Da kann es durchaus interessant sein, bei einem kleinen Unternehmen zu beginnen, wo man eigenständig agieren kann.

Bei einem großen internationalen Konzern dagegen ist man sehr fremdbestimmt. Dafür haben diese Unternehmen aber speziell schulungsmäßig sehr viel zu bieten. Auch der Beginn in einem Großunternehmen mit dem anschließenden Wechsel in einen kleinen Betrieb kann sinnvoll sein.

MARTINA PECHER

Schreiben Sie vielmehr – neben den üblichen Informationen wie Name, Geburtsdatum, Telefonnummer – alles das hinein, was Sie von Ihren Mitbewerbern abheben könnte. Insbesondere verweisen Sie auf eventuelle Auslandsaufenthalte, Tätigkeiten neben dem Studium, Ferialpraktika oder Fremdsprachenkenntnisse. Übertreiben Sie mit Ihren Angaben nicht, aber wer tiefstapelt, hat mit einiger Sicherheit bereits seine Chance verspielt. Und vermeiden Sie unbedingt Tipp- und Rechtschreibfehler: Die können alles zunichte machen.
Wer sich um eine bestimmte Stelle bewirbt, sollte genau wissen, warum es ausgerechnet die ausgeschriebene Position sein soll. Führen Sie daher im Schreiben Ihre Motive an: Gehen Sie dabei ruhig ins Detail und nennen Sie Gründe, warum Sie glauben, der/die Richtige für den Job zu sein. Gliedern Sie den Text so, daß er nicht nur möglichst sachlich, sondern auch gut zu überschauen ist. Nutzen Sie die vielfältigen Layoutmöglichkeiten eines Computers, tragen Sie aber nicht zu dick auf, sonst bewirken Sie damit höchstens das Gegenteil. Ihr Brief kriegt schnell einen unseriösen Touch und kommt nur selten gut an: wenn ausgefallen, dann mit Stil. Auch wenn wir in aufgeschlossenen Zeiten leben, ein Geringschätzen der Form ist wenig zielführend. Wer seine Bewerbung etwa per Fax – was vielleicht bequem, schnell, modern und weit verbreitet ist – verschickt, gibt damit unterschwellig zu verstehen, daß er nicht nur von formalen, allgemein akzeptierten Abläufen wenig hält, sondern erbringt dem Adressaten zugleich zuwenig Wertschätzung. Wenn Sie glauben, sich bei der Form etwas ersparen zu können, dann höchstens Ihre weiteren Bemühungen um den Job. Das Wie muß bei einer Bewerbung einfach stimmen. Schließlich ist sie ja Ihre Visitenkarte, die Ihnen die Türen öffnen soll.

Das Vorstellungsgespräch

Auch das anschließende Vorstellungsgespräch hat seine Feinheiten: Von der Art und Weise, wie Sie die Wartezeit verbringen – und dabei von der Empfangsdame oder der Chefsekretärin beobachtet werden –, wie Sie dem Personalchef gegenübertreten – ob Sie ihm in die Augen schauen und wie Sie ihm die Hand geben –, bis zu Ihrem Verhalten während des Gesprächs – ob Sie verkrampft sind oder sich locker geben und klar ausdrücken – ist es eine Vielzahl von Facetten, aus denen sich der Personalchef ein Bild vom Bewerber macht.

Für Mediziner ist der Werdegang ja an sich ziemlich vorgezeichnet. Aber unabhängig davon sollte man bei der Wahl des Unternehmens auf dessen Reputation achten. Wenn jemand gut ist und Charaktereigenschaften wie Anpassungsfähigkeit, Diplomatie und Arbeitswillen mitbringt, dann wird er überall gerne genommen werden.
Wer erfolgreich ist, muß mit Neid und Feinden leben lernen. Diese Eigenschaften sind in Österreich sehr ausgeprägt, besonders wenn sich der Erfolg auch noch finanziell niederschlägt.

RUDOLF SCHABUS

Lassen Sie sich beim Bewerbungsgespräch nicht aus der Ruhe bringen – Ihren Mitbewerbern geht es meist auch nicht viel besser. Bereiten Sie sich auf das Vorstellungsgespräch sehr gut vor: Sie sollten alle wichtigen Daten über Ihre Person im Kopf und alle wichtigen Unterlagen in Ihrer Tasche haben. Informieren Sie sich über Ihren potentiellen Arbeitgeber – das zeugt von Engagement und Interesse.
Großer Wert wird heute auch auf absolute Ehrlichkeit gelegt. Der bisherige Karriereverlauf muß sich nicht unbedingt im makellosesten Weiß präsentieren, solange es gelingt, Glaubwürdigkeit zu vermitteln. Wenn Sie der Personalchef fragt, warum Sie bisher so oft den Job gewechselt haben, dann lassen Sie sich keine Nervosität anmerken, sondern geben eine plausible Erklärung. Am besten, Sie setzen sich schon vorher mit etwaigen heiklen Fragen auseinander und überlegen sich, was Sie im Falle des Falles antworten könnten. Vor allem gilt es, den Eindruck von Unsicherheit zu vermeiden. Wenn Sie auf unangenehme Fragen Ihres potentiellen Arbeitgebers plötzlich keine Antwort wissen und ins Stocken geraten, entwickelt sich die Sache garantiert nicht in Ihrem Sinne.
Insbesondere sollten Sie sich auf übliche Standardfragen wie „Warum wollen Sie eigentlich zu uns?" gut vorbereiten: Wer mit der Antwort zu lange zögert, kann das im späteren Gesprächsver-

lauf kaum mehr wettmachen. Sagen Sie das, was in solchen Situationen angebracht ist: daß Sie das Unternehmen besonders attraktiv finden, daß Sie einen Job mit guten Aufstiegschancen wollen und ähnliches mehr. Betonen Sie, daß Sie flexibel, mobil, engagiert, verantwortungsbewußt, kommunikativ sind, und lassen Sie sich für diese Begriffe auch entsprechende Beispiele einfallen. Beantworten Sie also die an Sie gestellten Fragen klipp und klar, lassen Sie Ihre eigenen Vorstellungen und Erwartungen bezüglich Aufgabe und Unternehmen ins Gespräch einfließen, und schildern Sie Ihre bisherige Berufslaufbahn wenn nötig mit einer gewissen Distanz. Tun Sie nicht so, als ob Sie ohne Schwachpunkt sind oder noch nie einen Fehler begangen haben, das nimmt Ihnen ohnehin niemand ab.

> *Es ist günstig, sich schon vor der Bewerbung intensiv mit dem jeweiligen Unternehmen auseinanderzusetzen und keine Pauschalbewerbung zu schreiben. Jeder sollte sich auf die Suche nach markanten Identifikationspunkten machen und sich mit der Unternehmenskultur auseinandersetzen. Man muß unbedingt dazupassen, da man ja einen Großteil seiner Zeit in der Arbeit verbringt. Deshalb sollte man diese auch als einen erfüllenden Teil seines Lebens betrachten können.*
>
> BRITTA STEILMANN

Riskieren Sie ruhig das eine oder andere offene Wort. Immerhin bieten Sie Ihre Arbeitskraft an, sind leistungswillig und haben bestimmte Qualifikationen. Kein Grund also, wie ein Bittsteller aufzutreten. Vielleicht sind gerade Sie derjenige, nach dem der Personalchef schon seit längerem Ausschau hält. Leute, die in vorauseilendem Gehorsam scheinbar erwünschte Antworten geben, sind heute nicht mehr gefragt. Sondern selbstsichere und kompetente Persönlichkeiten, die weder übertreiben noch sich anbiedern. Geben Sie sich insgesamt so, daß Sie Ihr Gegenüber in angenehmer Erinnerung behält, und benehmen Sie sich einfach wie ein normaler Mensch mit Manieren.

Checklist: Die richtige Bewerbung

- Bereiten Sie sich gründlich vor. Informieren Sie sich möglichst detailliert über die Branche, das Unternehmen und die ausgeschriebene Position. Halten Sie alle nötigen persönlichen Unterlagen geordnet bereit. Das signalisiert, daß Sie es gewohnt sind, Übersicht zu haben.
- Führen Sie Bewerbungsgespräche möglichst am Vormittag. Personalchefs führen zahlreiche derartige Gespräche, und ihre Aufmerksamkeit und ihr Interesse läßt mit den Stunden erfahrungsgemäß nach. Absolvieren Sie nicht mehr als zwei Vorstellungstermine pro Tag, die Konzentration muß stimmen.
- Achten Sie auf Ihr gepflegtes Äußeres und angemessene, keinesfalls zu auffällige Kleidung samt sauberen Schuhen. Ebenfalls wichtig: Pünktlichkeit, zurückhaltendes Verhalten während der Wartezeit – Sie werden mit Sicherheit beobachtet! – sowie die Begrüßung des Personalchefs, Händedruck und Blickkontakt.
- Versuchen Sie im Gespräch selbst möglichst Ruhe zu bewahren. Lassen Sie sich durch unangenehme oder scheinbar nicht zum Thema passende Fragen nicht unter Streß setzen oder aufs Glatteis führen. Beantworten Sie die an Sie gestellten Fragen kurz, sachlich und ohne am Kern der Sache vorbeizureden. Jeder Personalchef schließt aus der Art, wie Sie sich im Gespräch verhalten, auf Ihre Persönlichkeit und Ihr Selbstvertrauen.
- Zeigen Sie sich interessiert an der ausgeschriebenen Stelle und am Unternehmen insgesamt. Stellen Sie Ihre bisherige Berufslaufbahn als homogene Entwicklung dar. Finden Sie daher überzeugende Argumente auch für nicht so schlüssig nachvollziehbare Stellenwechsel.

Wenn wir einen Assistenten suchen, erhalte ich im Schnitt 120 Zuschriften. Deshalb wirkt eine persönlich gehaltene Bewerbung auf mich am meisten. Wenn sich jemand aktiv bemüht, sich brieflich präsentiert, ohne daß wir inseriert haben und einfach vorsichtig anklopft und sein Interesse an einem Job dokumentiert, dann macht das einen guten Eindruck und zeigt, daß er sich mit dem Unternehmen bereits auseinandergesetzt hat.

GÜNTHER WÖSS

Jobsuche mit System

Beginnen Sie möglichst frühzeitig mit der Jobsuche. Die meisten Personalmanager schätzen es, wenn Sie die Zeit zwischen Ihrer letzten Prüfung und dem Sponsionstermin nicht vertrödeln, sondern sich bereits um Ihren erfolgreichen Einstieg ins Berufsleben kümmern.

Nützen Sie alle Möglichkeiten, um zu einem guten Job zu kommen. Lesen Sie die Stellenangebote in Tageszeitungen und Magazinen, erkundigen Sie sich an Ihrer Universität, nehmen Sie an Kontaktgesprächen mit Firmenvertretern teil, schreiben Sie Unternehmen Ihrer Wahl unaufgefordert an, und fragen Sie bei Bekannten und Verwandten nach, ob nicht irgendwo Ihre Mitarbeit gefragt sein könnte.

Bewerben Sie sich auch auf Stellenangebote, deren hochtrabendes Anforderungsprofil Sie nicht hundertprozentig erfüllen. Bedenken Sie, daß die meisten Ihrer Mitbewerber auch keine Wunderkinder sind.

Ihre Daten werden von der jeweiligen Personalberatung überdies – unabhängig, ob Sie genommen werden oder nicht – in einer Kartei erfaßt, auf die gegebenenfalls zurückgegriffen werden kann.

Lassen Sie sich auch nicht entmutigen, wenn Sie die erhoffte Stelle nicht bekommen haben – es gibt auch noch andere Jobs. Die Zeit, die Sie sich für Vorstellungsgespräche genommen haben, ist jedenfalls nicht verloren: Sie bekommen dadurch Routine im richtigen Umgang mit Personalmanagern und im zielführenden Bewältigen von Bewerbungssituationen.

Bei der Einstellung von Mitarbeitern schaue ich primär auf die fachlichen Voraussetzungen, die müssen stimmen. Ich sehe mir seine bisherigen Tätigkeiten genau an, auch, wie lange er an einem Arbeitsplatz war. Wenn jemand in fünf Jahren zehn verschiedene Posten gehabt hat und auch noch zwei Jahre arbeitslos war, dann ist bei ihm sicher der Wurm drin. Ungeeignet sind ebenfalls Leute, die von vornherein der Überzeugung sind, das Wissen absolut gepachtet zu haben. Leute, die nicht zuhören können und sich nur in Szene setzen wollen.

HELMUT PECHLANER

Eigenschaften für die Spitze

Meine erste Frage bei der Einstellung von neuen Mitarbeitern ist „Dienen Sie gerne?" Das Wichtigste in der Dienstleistungsbranche ist es, daran Freude zu haben, anderen etwas Gutes zu tun. Denn nur einen Beruf, den man gerne macht, kann man auch gut machen. Wichtig ist es für mich auch, ob jemand ein guter Gastgeber sein kann: Grundbenehmen kann man nicht lernen, es reicht einfach nicht, wenn man etwas gerade noch gerne tut. Wie in anderen Industrien gibt es auch in der Dienstleistung nur Weiß oder Schwarz.

ATTILA DOGUDAN

Was Durchstarter ausmacht, sind nicht ein standesgemäßes Büro samt Sekretärin und Dienstwagen, sondern bestimmte persönliche Eigenschaften, die solche angenehme und auch notwendige Statussymbole erst möglich machen. Eigeninitiative, Selbstvertrauen, soziale Kompetenz, Belastbarkeit und Durchsetzungsvermögen stehen auf dem Wunschzettel großer Unternehmen ganz oben, wenn es um die Besetzung von Spitzenpositionen geht. Fast die Hälfte aller Führungskräfte verfügt – so haben wissenschaftliche Untersuchungen immer wieder gezeigt – über diese Eigenschaften. Und können damit Kollegen, Vorgesetzte und Kunden besser mitreißen sowie die angepeilten Ziele konsequenter umsetzen als der Normalbürger. Die Managementelite ist selbstbewußt, sicher im Auftreten, entschlußfreudig und kompetent. Diese Eigenschaften sind bereichsübergreifend und gelten in allen Branchen, führen allerdings nur mit Maß und Ziel zum Erfolg: Wer übertreibt und Selbstbewußtsein mit Selbstherrlichkeit sowie Erfolgsorientierung mit Einzelkämpfertum verwechselt, tut sich nichts Gutes.

Das zeigen auch die Aussagen der interviewten Manager und Unternehmer. Karlheinz Essl sieht sich immer die Persönlichkeit eines Bewerbers genau an: was er für ein Mensch ist, ob er ins Team paßt, positiv denkt oder eher ein Nörgler ist. „Die menschlichen

Qualitäten können sogar anfänglich fehlende fachliche Kompetenz ausgleichen. Vorausgesetzt, derjenige ist bereit zu lernen und Aufgaben zu übernehmen", so der Baumax-Chef, der laxe, mißmutige Menschen, die glauben, mit wenig Arbeit viel Geld verdienen zu können, für denkbar ungeeignet hält. Auch Rudolf Schabus will keine Leute in seinem Team, die im Rahmen ihrer Arbeit nur in Kosten-Nutzen-Dimensionen denken. Sondern Mitarbeiter, die wißbegierig, kritikfähig und eifrig sind. Klar werden bei der Einstellung von Mitarbeitern auch fachliche Qualifikationen anhand von Zeugnissen und Berufslaufbahn bewertet. Martina Pecher: „Bei der Einstellung von Mitarbeitern achte ich primär auf die Studienzeit und das Engagement neben der Ausbildung und dem vorhandenen Teamgeist." – Letztlich kommt aber der Persönlichkeit des Bewerbers entscheidende Bedeutung zu. „Die zwischenmenschliche Chemie muß passen, und in dieser Hinsicht lasse ich mich auch von emotionalen Faktoren – wie jemand spricht oder sich bewegt – leiten", sagt Elisabeth Gürtler und ist damit einer Meinung mit Agnes Husslein – „Die persönliche Sympathie spielt ganz sicher mit. Wenn man mit jemandem zusammenarbeitet, so muß man auch ins Team passen" – und Gertraud Knoll, die sagt: „Der erste Eindruck ist mir sehr wichtig, die persönlich Antenne muß stimmen. Darüber hinaus versuche ich herauszufinden, ob jemand selbständig arbeiten kann und will oder ob er ständig auf Impulse oder Anregungen wartet."

Natürlich sind die gewünschten Eigenschaften – von den charakterlichen Aspekten einmal abgesehen – von Beruf zu Beruf verschieden, eine allgemein gültige Regel gibt es nicht: So sind in der Kreditwirtschaft zu rasches, initiatives Handeln weniger gefragt. Weshalb bei den Mitarbeitern im Geldsektor mehr Wert auf Sicherheitsdenken sowie bewahrende, konfliktvermeidende Eigenschaften gelegt wird. Dennoch: Die Gewichtung der wichtigsten Qualifikationsmerkmale kann je nach Tätigkeitsbereich ganz entschieden differieren. Für jemanden, der eine Topposition in der Produktion oder der Forschung im Auge hat, steht das fachliche Wissen in der Rangliste der erforderlichen Voraussetzungen ganz oben. Während dagegen für einen Verkaufsleiter Kommunikationsfähigkeit sowie Durchsetzungskraft einen wesentlich größeren Stellenwert haben. Und Rechtsanwälte wiederum ein überdurchschnittliches Einfühlungsvermögen und die Fähigkeit, unbefangen mit Konflikten umzugehen, mitbringen sollten.

Wer Erfolg haben will, muß sich voll einsetzen. Und er muß verläßlich sein. Denn niemand kann es riskieren, mit jemandem zusammenzuarbeiten, auf den er sich nicht verlassen kann!

VERA RUSSWURM

Bei Naturwissenschaftlern, Ingenieuren oder Chemikern wiederum sind Logik, analytisches Denken sowie mathematische Fähigkeiten in der Regel wesentlich stärker ausgeprägt als soziale und zwischenmenschliche Faktoren. An sich kein wesentlicher Nachteil für jemanden, der den Großteil seines Berufslebens im Elfenbeinturm der Wissenschaft zubringt. Wer dies nicht tut und obendrein fachlich eher den Generalisten als den Spezialisten zuzuordnen ist wie beispielsweise viele Geistes- und Sozialwissenschaftler, wird in erster Linie sein Auftreten und seine Persönlichkeit einsetzen.

Gefragte Persönlichkeitsmerkmale

Darin sind sich die Durchstarter einig: Folgende Eigenschaften sind im heutigen Berufsleben besonders gefragt:
Eigeninitiative
Selbstbewußtsein
Kommunikationsfähigkeit
Teamgeist und Kooperationsfähigkeit
Soziale Intelligenz und Kompetenz
Leistungsbereitschaft und Belastbarkeit
Entschlußkraft und Durchsetzungsvermögen
Eigenmotivation und Begeisterungsfähigkeit
Flexibilität und Anpassungsfähigkeit
Vernetztes Denken: fachliches und fachübergreifendes Wissen
Loyalität und Verständnis für Unternehmensinteressen
Problemlösungskapazität, Kosten-Nutzen-Bewußtsein
Qualitätsbewußtsein und Perfektionismus
Fremdsprachenkenntnisse und PC-Erfahrung
Mobilität und Bereitschaft zur Weiterbildung

Meine Standardfrage bei der Einstellung neuer Mitarbeiter geht nicht so sehr in Richtung ihrer beruflichen Vergangenheit und ihrer speziellen Erfahrungen, sondern es interessiert mich mehr, ob sie ein konkretes Ziel haben. Vor allem, wie genau definiert und realistisch es ist und wie sehr die Bewerber bereit sind, etwas dafür zu tun. Sie sollten außerdem Extrovertiertheit, Kreativität, Beweglichkeit, Erfahrung und Fleiß mitbringen. Die Dienstleistungsbranche erfordert einen hohen persönlichen Einsatz und ist nichts für introvertierte Typen, Einzelgänger und Leute mit dem starken Wunsch nach geregelten Arbeitszeiten. GÜNTHER WÖSS

Probleme im Berufsalltag

Den Aufstieg schafft nur, wer auch bereit ist, sich anzustrengen. Noch kein Sportler hat einen Weltrekord erzielt, ohne sich zu quälen. Letztlich ist die Karriere aber auch eine Frage der Interessen: Es hat absolut keinen Sinn, alle Menschen unabhängig von ihren Neigungen in die Leistungsgesellschaft hineinzuzwängen.

ATTILA DOGUDAN

Auch wenn eine gute Ausbildung und bestimmte persönliche Eigenschaften für die Karriere unbedingt nötig sind: Mit Ehrlichkeit und Strebsamkeit allein ist noch selten jemand Vorstandsvorsitzender geworden. Beruflicher Erfolg ist die Summe von Fähigkeiten, Eigenschaften und Strategien. Ein bißchen Grips, ein freundliches, offenes Wesen oder gute Umgangsformen können auf dem Weg an die Spitze nicht schaden. Worauf es letztendlich aber ankommt, ist, die richtige Strategie zu entwickeln, um vorhandene Defizite auszuräumen, Mängel zu beheben und Hindernisse aus dem Weg zu räumen. Bei der Wahl der Mittel sollten Sie aber nicht übertreiben. Mogeln, ohne rot zu werden, und kleine Hinterhältigkeiten, eingepackt in ein freundliches Lächeln, können gelegentlich recht hilfreich sein.

Schauspielerische Fähigkeiten sind eine wichtige Voraussetzung für den Sprung in die Führungsetagen. Schon die ersten Arbeitswochen sind eine Herausforderung: Ein unbekannter Neuling kann jede Rolle einnehmen und sich überlegen, in welchem Licht er erscheinen will. Auch jeder Schritt ins Chefbüro sollte als Auftritt gesehen und dementsprechend geprobt werden. Um mit dem Boß und den Kollegen richtig umgehen zu können, müssen alle verfügbaren Informationen über deren persönliche Eigenheiten, Machtstrukturen und eventuelle Fettnäpfchen zusammengetragen werden. Nur so lassen sie sich in den Griff kriegen und beeinflussen. Die Zutaten für eine erfolgreiche Inszenierung sind Selbstmotivation und Überzeugung, während Selbstzweifel und ein dauerndes Hin und Her genau das Gegenteil bewirken. Nur wer an seinen Entscheidungen beharrlich festhält und sich auch durch Kritik nicht vom Weg abbringen läßt, kann auf Dauer auch andere vom eigenen Tun überzeugen.

> *Knackpunkte gibt es immer wieder – es muß im Leben einfach Höhen und Tiefen geben. Jedenfalls sollte man Rückschläge nicht als Unglück sehen, sondern als Gelegenheiten, aus denen man lernen kann. Selbst Menschen, welche die herrlichste Karriere gemacht haben, sind pausenlos gefordert – auch wenn die Dimensionen andere sind. Schwierigkeiten sind dazu da, um sie zu überwinden. Lassen Sie sich nicht entmutigen – die Welt bricht dadurch nicht zusammen – es gibt immer wieder einen neuen Weg.* KARLHEINZ ESSL

Ein gesundes Ego ist für Toppositionen einfach unerläßlich: Erwiesenermaßen lassen sich 15 Prozent des Erfolges auf technische Fähigkeiten, Intelligenz oder Arbeitsgeschick zurückführen, 85 Prozent auf Persönlichkeitsfaktoren, wie etwa dem Umgang mit Menschen. Viele Menschen haben nicht deshalb nicht den gewünschten Erfolg, weil sie den beruflichen Anforderungen nicht gewachsen sind, sondern weil sie Schwierigkeiten haben, mit ihren Kollegen oder Vorgesetzten richtig umzugehen.

> *Bei der Einstellung von Mitarbeitern lege ich großen Wert auf die soziale Komponente – wie sehr jemand andere Menschen begeistern, motivieren und später auch führen kann. Außerdem erscheint es mir wesentlich, daß er eine gediegene Ausbildung hat, die schnell absolviert wurde.* MICHAEL GRABNER

So oder so: Die Planung der beruflichen Laufbahn ist immer eine individuelle Angelegenheit, die nur schwer verallgemeinert werden kann und deren Richtung von den persönlichen Zielen vorgegeben ist. Sie sollten Ihre Karriere und persönliche Entwicklung jedenfalls selbst in die Hand nehmen, ein möglichst detailliertes Konzept entwerfen, das die geplante Entwicklung in verschiedene Abschnitte gliedert. Wenn Sie sich ein Ziel setzen, so darf es nicht zu hoch und nicht zu niedrig sein, sondern einigermaßen realistisch, aber doch nicht sofort einzunehmen. Ergreifen Sie jede noch so kleine Gelegenheit, die Sie einen Schritt weiterbringt, und seien Sie sich bewußt, daß auch der Zufall eine Rolle spielt. Überprüfen Sie regelmäßig, wie weit Sie von Ihrem Ziel noch entfernt sind und was Sie davon im Griff haben. Nehmen Sie Ihre guten und schlechteren Seiten unter die Lupe, analysieren Sie, welche Tätigkeiten Sie besonders freuen und gegen welche Sie eine Abneigung verspüren. Dementsprechend entscheiden Sie, welche Stärken künftig hervorgehoben und welche Schwächen beseitigt werden sollen und wie das geschehen soll. Checken Sie ab, ob Sie sich die Verwirklichung Ihrer Vorstellungen zeitlich und finanziell auch leisten können und ob sie auch tatsächlich in Ihrer Reichweite liegen. Vermeiden Sie es, Ihre Etappenziele zu hoch zu stecken und sich womöglich zu überlasten. Planen Sie auch Erholungsphasen ein, um danach wieder mit voller Kraft zur Tat zu schreiten. Und vor allem, lassen Sie die Dinge nicht treiben. Checken Sie in gleichmäßigen Intervallen, ob Ihre Fortschritte auch den Erwartungen entsprechen. Und machen Sie jährlich ein neues Konzept.

Tips für den beruflichen Aufstieg

Wenn Sie immer noch auf Ihre Beförderung warten, während andere auf der Karriereleiter schon wieder eine Stufe höher geklettert sind, ist es höchste Zeit, aktiv zu werden. Werden Sie sich klar, was Sie wollen, und versuchen Sie die Gründe zu analysieren, warum Sie Ihr Ziel bisher noch nicht erreicht haben.

- Machen Sie Ihre persönliche Stärken-Schwächen-Analyse. Worin sind Sie besser als die anderen? Was tun Sie gerne? Sie werden nur in einem Job überzeugend sein, hinter dem Sie hundertprozentig stehen.
- Realisieren Sie Ihre Ziele. Jagen Sie nicht den Erfolgen nach, die andere Ihnen vormachen, sondern orientieren Sie sich an Ihren persönlichen Möglichkeiten und Plänen.
- Bleiben Sie sich selbst treu. Versuchen Sie nicht, andere nachzuahmen oder zu kopieren. Sie sind doch ohnehin so einzigartig, warum wollen Sie zum zweitklassigen Klon werden?
- Seien Sie neugierig. Saugen Sie Wissen und Information auf

wie ein Schwamm. Man weiß nie, wofür man manche Insiderinfo einmal gebrauchen kann.

- Wenn Sie an die Spitze wollen, dürfen Sie weder autoritätsgläubig sein, noch Angst vor Autoritäten haben.
- Holen Sie Versäumtes nach. Fördern Sie gezielt Ihre Stärken, besuchen Sie Weiterbildungskurse, und seien Sie allzeit bereit für Veränderungen.
- Seien Sie kooperationsfähig. Je weiter Sie aufsteigen, um so mehr ist Ihr Erfolg von Ihrem kommunikativen Geschick abhängig. Schulen sie Ihre Selbst- und Fremdwahrnehmung. Lernen Sie, im Team zu arbeiten, und verbessern Sie Ihr Informationsverhalten.
- Ohne Fleiß kein Preis. Wer eine überdurchschnittliche Karriere machen will, muß auch überdurchschnittlichen Einsatz bringen. Auch das Wochenende darf nicht prinzipiell tabu sein, wenn Sie etwas aus sich machen wollen.

In jeder Führungsposition müssen Sie Machtkämpfe mit langjährigen Mitarbeitern hinter sich bringen. Jedenfalls muß man konsequent seine Richtung beibehalten und konsequent daran arbeiten.

ELISABETH GÜRTLER

Geplant weiterkommen

Wer es beruflich zu etwas bringen will, braucht nicht nur ein Ziel und die nötige Konsequenz und Selbstdisziplin, um dieses zu erreichen. Vor allem kommt der richtigen Positionierug der eigenen Person im Unternehmen entscheidende Bedeutung zu. Dynamik, Initiative, Begeisterungsfähigkeit, Durchsetzungskraft oder Kontaktfreudigkeit sind jene Eigenschaften, die am häufigsten mit erfolgreichen Menschen in Verbindung gebracht und von Führungskräften auch erwartet werden.

Wer erfolgreich und beständig arbeiten will, sollte zwar mit Nachdruck, aber tunlichst nicht ungestüm handeln. Er muß mit Überlegung die richtigen Sachentscheidungen treffen, kreativ sein, eigene Projekte entwerfen und umsetzen, Probleme zeitgerecht erkennen und richtig darauf reagieren. Mit einem Wort, initiativ sein und seine Karriere aktiv vorantreiben.

Chancen für Eigenintiative sollten daher stets genützt werden, insbesondere dann, wenn sie einen in der beruflichen Laufbahn einen Schritt nach vorne bringen. Demonstrieren Sie Managerqualitäten – für die eigene Karriere müssen Sie selbst etwas unternehmen –, aber berücksichtigen Sie die äußeren Umstände. Machen Sie sich klar, wie weit Sie im Fall des Falles gehen können, und loten Sie zuvor den tatsächlichen Freiraum zur eigenen Weiterentwicklung aus, sonst kann der vermeintliche Karrierekick schnell zu einem Karriereknick mutieren.

> *Eine Position absichern kann man nur mit Wissen und Kompetenz. Man muß seine Aufgaben einfach so machen, daß einem niemand anderer das Wasser reichen kann. Dazu ist es allerdings notwendig, mit eiserner Selbstdisziplin an sich zu arbeiten. Es gibt immer wieder Punkte – beispielsweise wenn ein Team wechselt und ein neues aufgebaut werden muß –, an denen man sich leicht im Stich gelassen fühlt. Als Frau hat man es da noch schwerer, weil einem derartige Reibereien leicht auf die Nerven gehen. Das einzige Rezept, das bei Knackpunkten hilft, ist, nach vorne zu schauen, sich nicht fallenzulassen und sich neue Bereiche zu öffnen.* AGNES HUSSLEIN

Das Agieren ohne Netz gehört jedenfalls zur Karriere: Kaum ein Durchstarter, der sich nicht auf Vorhaben mit ungewissem Ausgang eingelassen hat – oder besser sich einlassen mußte. Risiken lassen sich niemals vermeiden, deshalb muß man sie, so gut es geht, kalkulieren. Eines sollte Ihnen dabei jedoch klar sein: Wer mit dem Feuer spielt, muß auch mit Verbrennungen rechnen. Ein Flop kann einen möglicherweise so weit zurückwerfen, daß man unter Umständen wieder von vorne beginnen muß. Vermeiden lassen sich Rückschläge aber nicht: Nur so können Sie sich aus dem Pulk der Karrierewütigen herauslösen. Eines sollten Sie dennoch bedenken: Der Erfolg ist zugleich die wichtigste Voraussetzung für weitere Erfolge. Ein Bonus, verliehen von Mitarbeitern und Geschäftspartnern, die ab einem gewissen Zeitpunkt beinahe blind an die Qualität des Erfolgreichen glauben.

Mit Talent, Fleiß, Konsequenz und einem hohen Anspruch an die Arbeit können Sie ganz nach oben kommen. Noch wichtiger – darin sind sich alle Durchstarter einig – sind aber eine positive Grundeinstellung, Selbstbewußtsein und ein gewinnender Umgang mit Menschen. In der Regel schafft man es nur mit einem guten Team und dem richtigen Draht zu seiner Umwelt. Forcieren Sie daher ein offenes und ehrliches Kommunikations- und Argumentationsverhalten, versuchen Sie andere zu begeistern und zu überzeugen, und Sie werden Ihr Ziel wesentlich schneller erreichen. Nur wenn es Ihnen gelingt, kompetente Partner oder noch besser Förderer zu finden, die auch wichtige Entscheidungen treffen können, kommen Sie bei der Verwirklichung Ihrer Ideen auch tatsächlich weiter.

> *Knackpunkte hat es viele gegeben, und solche Situationen werden immer wieder auftreten. Sie sind gesunde Korrektivphasen, in denen man sich selbst in Frage stellt. Es ist eben nicht so, daß man mit dem Alter automatisch weise wird und daß Erwachsensein bedeutet, immer zu wissen, wo es langgeht. Ich spreche dann mit Vertrauten über derartige Situationen und versuche dann am nächsten Tag, es anders zu machen. Wenn das gelingt, ist das wie eine große Befreiung.*
>
> GERTRAUD KNOLL

Das heißt: Sie müssen mit Kritik und Einwänden fertig werden, diese mit schlüssigen Argumenten entkräften und tragfähige Kompromisse herbeiführen. Wichtig: Lassen Sie sich in Verhandlungen nicht von Emotionen leiten, und bleiben Sie auch bei unsachlichen oder polemischen Einwürfen gelassen und sachlich. Sonst erreichen Sie höchstens das Gegenteil, und die Emotionen schaukeln sich hoch, bis die Gesprächsbasis endgültig zerstört ist. Treten Sie daher nicht nur ausschließlich forsch und bestimmt auf, gehen Sie taktisch klug und mit Gespür für Situation und Gesprächspartner vor, und fallen Sie nicht mit der Tür ins Haus.
Wer mit anderen zusammenarbeitet oder auf ein Mitarbeiterteam angewiesen ist, muß einen Draht zu seinen Mitmenschen haben und kontaktfreudig sein. Meist ist es so, daß gerade die Kontakt-

fähigkeit, also die Art und Weise, wie Sie auf einen anderen zugehen, beim ersten Kennenlernen ein wesentliches Beurteilungskriterium ist, ob Sie jemandem sympathisch sind oder nicht. Ihr fachliches Wissen bleibt anfänglich noch verborgen, nicht aber Ihr persönliches Auftreten.
Optimismus und Selbstbewußtsein gehören ebenfalls dazu: Ohne diese beiden Eigenschaften werden Sie kaum Karriere machen. Um Ihre Ideen zu realisieren, müssen Sie diese nach außen hin vertreten und durchsetzen. Und das funktioniert nur mit Zuversicht und Vertrauen in die eigenen Fähigkeiten und der nötigen Standfestigkeit, um sein Vorhaben auch gegen kritische oder ablehnende Argumente anderer durchzuboxen.

Am wichtigsten ist der Teamgeist, die Fähigkeit, mit anderen Menschen umgehen und zusammenarbeiten zu können. Extreme Einzelgänger sind, selbst wenn sie blitzgescheit sind, für eine große Karriere nicht besonders geeignet, ebenso wie Menschen, die sich selbst in den Vordergrund stellen. Heute ist alles so komplex, daß man als Vorgesetzter überall gute Fachleute braucht, die ihren Teil zur Teamleistung beitragen.
Je weiter man an die Spitze kommt, desto einsamer wird man. Man erhält wenig Lob und hat viele Neider, die am Sessel sägen. Da ist die Eigenmotivation um so notwendiger – es muß weitergehen.

MARTINA PECHER

Was aber nicht immer ganz leicht ist, vor allem, weil übertriebenes Selbstvertrauen von den Mitmenschen gerne als Überheblichkeit und Arroganz erlebt wird. Mit Egoismus, Präpotenz oder einem Mangel an Sensibilität hat echtes Selbstvertrauen jedoch nichts gemein. Selbstvertrauen hat der, der sich seiner selbst und seiner Stellung in der Umwelt absolut bewußt ist, seine Stärken und Schwächen kennt, damit leben kann und weiß, welchen Einfluß er auf andere hat. Eine Erkenntnis, die in enger Verbindung zu den eigenen Zielen steht: Wenn man der momentanen Tätigkeit Sinn und Inhalt abgewinnen kann, läßt sich daraus Kraft und Motivation tanken. Die Hingabe an eine Sache oder einen Menschen befriedigt, macht glücklich und verhilft zu einer positiven Ausstrahlung. Und die ist, da sich Gefühle direkt von Mensch zu

Mensch übertragen, wiederum eine der wichtigsten Voraussetzungen für den Erfolg.
Ebenfalls ganz wichtig: positives Denken. Setzen Sie sich Ziele, und streben Sie diese mit aller Kraft und Konsequenz an. Seien Sie zuversichtlich, und wenn Sie wieder einen Schritt vorwärts gemacht haben, loben Sie sich. Machen Sie sich die Macht der Suggestion zunutze. Sie ist größer, als Sie annehmen: Verbannen Sie negative Formulierungen aus Ihrem Wortschatz, und orientieren Sie sich statt dessen lieber mehr an den guten Seiten des Lebens: Bestimmte Situationen lassen sich ohnehin nicht ändern, wohl aber die innere Einstellung dazu. Statt zu jammern und in Selbstmitleid zu verfallen, halten Sie sich lieber an den Merksatz: „Nichts ist so schlecht, daß es nicht für etwas gut ist."

> *Ich habe mich immer bemüht, in meinem gegenwärtigen Aufgabengebiet gut zu sein, so daß ich in die nächste Stufe gerufen wurde. Ich bin zu allen beruflichen Fortschritten eingeladen worden und habe nicht darauf hingearbeitet. Positionen absichern kann man nur durch kontinuierliche Arbeit und Verläßlichkeit. Viele glauben, wenn sie ihren Arbeitsbereich vergeheimnissen, dann werden sie wichtig und unersetzlich. Ich betreibe aber eine gegenteilige Politik: Ich will meine Mitarbeiter voll informieren und einbinden, dann kann ich auch verlangen, daß sie in meiner Abwesenheit in meinem Sinn entscheiden und handeln.* HELMUT PECHLANER

Bewahren Sie sich eine positive Grundeinstellung, auch wenn eine Situation im Moment noch so schlecht aussieht: Verlieren Sie nicht gleich den Mut, sondern bleiben Sie Alternativen gegenüber aufgeschlossen. Das hilft Ihnen, das Gleichgewicht zu bewahren, keine unnötigen Kräfte zu verschleißen.
Selbstbewußtsein ist eine Eigenschaft, die von erfolgreichen Menschen geradezu erwartet wird. Wer mit hängenden Schultern und gesenktem Blick durchs Büro schlurft, entspricht kaum den Erwartungen, die an eine Führungskraft gestellt werden. Selbstbewußtsein und damit verbunden Dynamik, Tat- und Entschlußkraft sowie das Vertreten eines eigenen Standpunktes haben in erster Linie mit einem intakten Selbstwertgefühl zu tun.
Rechnen Sie damit, von anderen abgelehnt zu werden, wenn Sie

erfolgreich sind. Diejenigen, die den Erfolg anderer nicht verkraften können, werden die ersten Neider sein. Damit müssen Sie leben: Je weiter Sie nach oben kommen, desto dünner wird die Luft. Verwechseln Sie Stolz nicht mit Arroganz und Eingebildetsein. Seien Sie sich auch Ihrer eigenen Fehler bewußt, und bewahren Sie sich den Respekt vor anderen. Stolz und Bescheidenheit sind zwei Gegensätze, die sich anziehen, ergänzen und die Essenz des Selbstbewußtseins sind.
Ebenfalls eine gute Methode auf dem Weg nach oben: Machen Sie Ihre Erfolge publik, und teilen Sie selbst mehr Komplimente aus. Indem Sie andere anerkennen, ermuntern Sie diese, auch Ihre positiven Seiten lobend hervorzuheben.
Und vor allem: Richten Sie Ihr Leben nicht völlig nach dem Beruf aus. Ihre Identität setzt sich auch noch aus anderen Facetten zusammen, das Leben bietet eine Vielzahl von Perspektiven. Wenn Ihr Selbstbewußtsein nicht nur aus einer Quelle gespeist wird, schrumpfen auch viele damit verbundene Ängste und Abhängigkeiten, und Sie können berufliche Kritik und Konflikte viel leichter wegstecken.

Grundsätzlich sollte man sich nur kurzfristige Ziele setzen: ein Projekt angehen und sich mit aller Kraft darauf konzentrieren. Und sich erst danach wieder mit etwas Neuem beschäftigen. Es macht auch wenig Sinn, das Leben auf fünf Jahre im voraus genau planen zu wollen – was gibt es nicht alles Unvorhersehbares?
Ein Absichern gibt es nicht. Die einzig funktionierende Methode ist es, weiterzuarbeiten und sich nicht auf den Lorbeeren auszuruhen. Ich habe erfreulicherweise kaum Knackpunkte erlebt. Eigentlich ist es merkwürdig, aber es haben sich immer wieder automatisch neue Projekte ergeben. Sobald ich mit einer Arbeit fertig war, hatte ich auch schon wieder ein neues Angebot. Meine positive und optimistische Grundeinstellung spielt dabei sicherlich mit.

VERA RUSSWURM

Knackpunkte überwinden – Konflikte lösen

Eines sollte Ihnen ebenfalls klar sein: Konflikte sind in Unternehmen völlig normal, weil Kollegen eben nicht immer einer Mei-

nung sind. Bei der täglichen Arbeit gehören unterschiedliche Ansichten zur Tagesordnung. Manchmal streiten Kollegen untereinander oder mit Mitarbeitern eines anderen Teams derselben Firma, und gelegentlich richtet sich der Unmut auch gegen den direkten Vorgesetzten oder die Geschäftsleitung insgesamt. Auseinandersetzungen sind sozusagen ein normales Nebenprodukt des beruflichen Alltags, sollten aber unbedingt gelöst werden. Auch wenn das vielleicht viel Zeit in Anspruch nimmt und in Streß ausartet.
Die Lösung derartiger Probleme kann nur schrittweise erfolgen: Zunächst muß einmal festgestellt werden, zwischen wem es in der letzten Zeit zu Konflikten gekommen ist und wie sich diese konkret gezeigt haben. Streit offenbart sich nicht nur in lautstarken Wortduellen: Leute, die einander ignorieren oder nur mit eisiger Formalität und großem Zynismus miteinander umgehen, vergiften das Betriebsklima ebenso. Weitere Symptome: Mitarbeiter geben nützliche Informationen nicht an andere weiter. Sie errichten Barrieren und sind nur schwer verfügbar. Die Produktivität läßt zu wünschen übrig, die Gründe dafür werden anderen in die Schuhe geschoben.

> *Schwierigkeiten gibt es immer wieder. Wer den Erfolg will, muß ein relativ dickes Fell haben und an das glauben, was er macht. Wer langfristig erfolgreich sein will, braucht eine gesunde Körper-Seele-Beziehung, privates Glück und Ausgeglichenheit. Man muß sich auf beides konzentrieren. Workaholics werden irgendwann von der Realität eingeholt, nämlich dann, wenn sie erschöpft und nicht mehr so gut sind.* Britta Steilmann

Die Ursachen dafür können verschiedener Natur sein, haben aber immer mit Unzufriedenheit oder Angst zu tun: Entweder Sie haben mit der Situation am Arbeitsplatz oder mit privaten oder finanziellen Problemen zu tun. Sind die Kompetenzen in der Firma nicht klar genug aufgeteilt, gibt es Konflikte aufgrund divergierender Meinungen bezüglich geschäftlicher Interessen und Zielsetzungen, Arbeitsschwerpunkten oder hierarchischen Verhaltensmustern? Gelingt es, die gegenseitigen Aggressionen einzuschränken oder gar abzustellen und den Problemursachen auf den

Grund zu gehen, dann können Konflikte sogar von Nutzen sein. Auseinandersetzungen zwischen Mitarbeitern zeigen dem Chef unter Umständen grundlegende Konflikte auf, die sich zu ernsthaften Schwierigkeiten auswachsen könnten. Ein kurzes Sich-Luft-Machen befreit und ist allemal entschieden besser, als dem Kollegen ständig mit Argwohn zu begegnen, besonders für jemanden, der durchstarten will. Meinungsverschiedenheiten, die auf faire Weise ausgetragen werden, tragen nicht selten zum gegenseitigen Respekt bei. Wichtig ist nur, daß sowohl für einzelne Mitarbeiter als auch das Unternehmen insgesamt keine Schäden zurückbleiben und eine friedliche Normalität wieder Einzug hält. Am besten ist es zweifellos, Konflikte schon im Ansatz zu ersticken und das gegenseitige Vertrauen und die Zusammenarbeit im Team zu fördern. Deshalb sollten keine Entscheidungen getroffen werden, die die Arbeit eines Kollegen betreffen, ohne diesen zu konsultieren. Vermeiden Sie tunlichst zu häufige Kritik, und greifen Sie niemanden hinter seinem Rücken an. Suchen Sie das persönliche Gespräch, und halten Sie sich vor Augen, daß Erfolge immer erst in einem gut funktionierenden Team möglich sind.

Knackpunkte gab es immer dann, wenn ich auf der aktiven Suche nach einem Unternehmen war und ich es nicht finden konnte. Ich habe diese überwunden, indem ich mir dann neue Ziele gesteckt, einen interessanten Job gesucht und mein Fachwissen erweitert habe. Beispielsweise bin ich ins Ausland gegangen, um Sprachen zu lernen. Genaugenommen wußte ich erst, was ich konkret machen wollte, als ich ins Management der Hilton-Gruppe gekommen bin.

GÜNTHER WÖSS

Veränderungen managen

Unternehmen befinden sich heute niemals lange in demselben Zustand. Weder Kleinbetrieb noch multinationaler Konzern sind vor Veränderungen gefeit. Für Durchstarter bedeutet das, immer auf Veränderungen – egal, ob negativer oder positiver Natur – gefaßt zu sein und darauf entsprechend zu reagieren. Gesetzesänderungen, neue Technologien, Engpässe am Personalmarkt oder vermehrte Konkurrenz können nicht ignoriert, sondern müssen bewältigt werden. Um mit Veränderungen effektiv umzugehen, muß erkannt werden, wann sie unvermeidlich oder vielleicht sogar wünschenswert sind. Von Neuerungen kann mehr profitiert werden, wenn man aktiv daran herangeht, als wenn man sich dagegen sperrt. Das ist zwar leichter gesagt als getan, aber unumgänglich.

Die Karriere gibt es nicht zu kaufen, man muß daran arbeiten. Es gilt allerdings darauf zu achten, vor lauter Arbeit nicht blind zu werden und seine eigentliche Ziele aus den Augen verlieren. Plandenken ist gut, man muß aber auch mit dem leben können, was man gerade hat. Man sollte seine Ziele eigentlich nie erreichen, damit man immer weiterstrebt. Die beste Strategie ist es, sich nicht zurückzulehnen, sondern immer hart zu arbeiten. Man kann immer noch etwas zulegen. Es gibt immer wieder Steine, die im Weg liegen und die man am besten mit Arbeitseinsatz und Diplomatie wegräumt. Man muß einfach lernen, sozial geschickt zu sein und ein Gespür für Situationen und berufliche Rahmenbedingungen zu entwickeln.

RUDOLF SCHABUS

Notwendige Weiterbildung

Wer in der Gastronomie in höhere Gefilde aufsteigen will, sollte eine Managementausbildung vorweisen können. Wer nach oben will, muß bereit sein, seine Scheuklappen abzulegen und dazuzulernen. Daran scheitern in Wahrheit die meisten Karrieren.

ATTILA DOGUDAN

An der Karriere arbeiten

Die Karriere ist ein wichtiger Teil des Lebens. Aber sie sollte nicht alles sein. Natürlich gibt es Zeiten, in denen der Beruf im Vordergrund steht, aber für Familie, Freundschaften oder Hobbys sollte immer noch Zeit bleiben. Und sei es nur, um daraus wieder neue Kraft und frische Anregungen für den Beruf zu beziehen: ohne Input auch kein Output. Funktioniert der Ausgleich zwischen Job und Privatem nicht mehr, dann ist die Gefahr, daß das Leben insgesamt schiefläuft, ziemlich groß. In Ihrer Karrierplanung sollten diese Aspekte daher nicht vernachlässigt werden. Denken Sie zwischendurch gelegentlich auch einmal darüber nach, was Sie vom Leben wirklich wollen, welche Konsequenzen Sie dafür auf sich zu nehmen bereit sind und wieweit Sie Ihr derzeitiges Berufs- und Privatleben tatsächlich erfüllt. Wenn Wunsch und Realität weitgehend übereinstimmen, dann herzliche Gratulation. Wenn nicht, dann überlegen Sie, wie sich die Situation ändern läßt. Welche Fähigkeiten und Eigenschaften Sie benötigen, um diese Ziele zu erreichen und wie und in welchen Bereichen Sie diese verbessern und entwickeln können.

Ob Sie den Beruf wechseln, also umsteigen, oder Karriere machen, also aufsteigen wollen: Sie müssen Ihre Fähigkeiten trainieren. Schon jetzt bemüht sich jeder dritte Arbeitnehmer um seine Fortbildung. Und das wird noch wichtiger werden. Der Weiterbildung kommt gerade vor dem Hintergrund des Europäischen Binnenmarktes eine immer größere Bedeutung zu. Ein Leben lang lernen – daran kommt heute keiner mehr vorbei. Sonst droht der berufliche Absturz.

Lehrgänge oder Kurzstudien sind absolut gut – nicht nur für Menschen, die nicht studiert haben. Jeder sollte die Eigenschulung – vom Lesen zu Hause über Abendkurse bis hin zu Kurzstudien – intensivieren und nicht darauf warten, daß die Initiative vom Unternehmen ausgeht. KARLHEINZ ESSL

Seminarveranstalter bieten unzählige Kurse an, in denen neben fachspezifischen Themen vor allem Techniken, welche die Persönlichkeitsentwicklung unterstützen sollen, vermittelt werden. Trainiert werden kann so gut wie alles – von Rhetorik über Argumentation und Kommunikationsverhalten bis hin zum richtigen Auftreten samt Image- und Stilberatung. Es gilt der Grundsatz: Alles, was gelehrt wird, kann auch gelernt werden – wenn auch nur bis zu einem gewissen Grad. Viel ist vom individuellen Talent und der Veranlagung abhängig, der Besuch von Seminaren ist dem Erlernen einer Sportart nicht unähnlich: Manche Menschen sind regelrechte Naturtalente, andere wiederum benehmen sich auch noch nach Jahren redlichen Bemühens wie blutige Anfänger. Dennoch: Wer übt, wird besser. Die einen eben nur in kleinen Schritten und langsamer als die anderen und immer von der jeweiligen Ausgangsbasis aus: Aus einem guten Präsentator wird mit dem entsprechenden Training ein sehr guter, aus einem mittelmäßigen vielleicht ein guter und aus einem schlechten wahrscheinlich höchstens ein durchschnittlicher werden. Aber immerhin.

Wichtig ist es vor allem, Eigeninitiative zu entwickeln, mobil zu sein und sich weiterzubilden. Hotelmanager zu sein ist beispielsweise eine schwierige Aufgabe, die umfassende Kenntnisse, Kontaktfreudigkeit und eine rasche Auffassungsgabe erfordert.

ELISABETH GÜRTLER

Die persönliche Note

Wie auch immer: Individuelle Note und persönliche Eigenschaften sollten bei all dem Training jedenfalls erhalten bleiben. Wenn

Sie sich als eher schüchterner Typ plötzlich zu einem Draufgänger, vor dem alle flachliegen, umpolen lassen wollen, so ist das Scheitern gleichsam vorprogrammiert. Natürlich können Sie lernen, bei Besprechungen immer zu lächeln und die anderen ausreden zu lassen, womit schon einiges erreicht ist. Wenn Sie aber bei einem Verkaufs- oder Vorstellungsgespräch mit Techniken arbeiten, die Ihnen eigentlich überhaupt nicht liegen, werden auch Ihre Botschaften nicht so rüberkommen, wie Sie es sich wünschen. Alles, was in irgendeiner Form vorgespielt und künstlich ist, wirkt einfach nicht glaubwürdig: Da kann man machen, was man will. Wirklich erfolgreich ist nur jemand, der um seine Stärken und Schwächen Bescheid weiß, dieses Wissen bewußt einsetzt und das gewisse Etwas besitzt. Wer im Einklang mit sich selbst ist und weiß, was er will, hat die besten Voraussetzungen für eine außergewöhnliche Karriere. Wofür die Durchstarter in diesem Buch durchaus überzeugende Beispiele abgeben.

> *Das lebendige Lernen in allen Bereichen und das Erkennen von gesellschaftlichen Zusammenhängen ist ganz wichtig. Beispielsweise sich mit Geschichte auseinanderzusetzen und das als Herausforderung zu sehen, die eigene Identität zu entdecken.*
>
> GERTRAUD KNOLL

Betriebliche Weiterbildung

Bei den meisten Firmen stößt der Wunsch von Mitarbeitern nach mehr Qualifikations- und Weiterbildungschancen jedenfalls auf offene Ohren. Arbeitgeber bieten von sich aus zahlreiche Fortbildungsmaßnahmen an. Mehr als die Hälfte aller Qualifizierungskurse gibt es in Betrieben. Allerdings: Angesichts der gegenwärtigen Konjunkturlage streichen die Unternehmen auch schon mal ihre Etats für Kurse zusammen. Die Weiterbildungsprogramme, die jahrelang von Großunternehmen wie Hewlett-Packard, Siemens, IBM oder Bayer angeboten wurden und die mühelos mit jedem Volkshochschul-Angebot konkurrieren konnten, sind heute selten geworden. Großzügig sind die Unternehmen aber weiterhin mit Angeboten, die gezielt für den Beruf weiterbilden. Dahinter steht die nüchterne Überlegung: Wer in wirtschaftlich schwie-

rigen Zeiten an der beruflichen Qualifizierung spart, sägt an dem Ast, auf dem er sitzt.
Der Arbeitnehmer kann das innerbetriebliche Weiterbildungsangebot als günstigste Variante nutzen, um sein berufliches Können zu trainieren, denn die Seminarkosten trägt das Unternehmen. Deshalb sollte jeder Bildungswillige zunächst stets das Angebot des eigenen Betriebs studieren. Das gilt zumindest in großen Firmen.

> *Die Rationalisierung und Automatisierung wird weiter voranschreiten, primitive Jobs werden durch intelligente ersetzt werden. Das bedeutet, daß Lernen für den einzelnen überlebensnotwendig werden wird.* MARTINA PECHER

Aber auch in kleineren und kleinen Unternehmen muß kein Arbeitnehmer auf Weiterbildung verzichten. Kann er nämlich stichhaltig begründen, daß seine Teilnahme an einem bestimmten Kurs oder Seminar auch dem Unternehmen Vorteile bringt, gewähren auch mittelständische Unternehmen Kostenzuschuß oder Sonderurlaub.
Ob Bildungsurlaub oder normale Freizeit – wer seine Zeit einsetzt, sollte sich nur seriösen Seminaranbietern anvertrauen, sonst lohnt sich das Engagement nicht. Volkshochschulen, Kirchen, Gewerkschaften, Handels- und Handwerkskammern sowie viele private Anbieter konkurrieren auf dem Markt der Weiterbildung.

Fachgebiete mit Zukunft

Künftige Führungskräfte beispielsweise sollten zusätzlich zu Fachkursen auch Rhetorikunterricht und Mitarbeiterführung-Seminare besuchen. Vertriebsfachleute können sich mit Verkaufstraining fit halten und strategisches Telefonieren üben. EDV-Kenntnisse werden an fast jedem Büroarbeitsplatz vorausgesetzt. Wer da nicht mithalten kann, gerät schnell ins Abseits. Ebenso, wer im geeinten Europa nicht über Fremdsprachenkenntnisse verfügt.
Weiteres Stichwort: Umwelt – eine Sparte mit Zukunft. Ob In-

stallateur oder Architekt – eine Fortbildung zum Energieberater verspricht Erfolg. Solche Seminare bieten private Schulen und Universitäten an.

> *Zwangsläufig wird es immer wieder neue Berufe geben. Die Entwicklung ist schon zuletzt durch den Einsatz der Elektronik am Arbeitsplatz rasant vorangeschritten. Pflege- und Betreuungsberufe und die Wichtigkeit des ständigen Lernens werden künftig jedenfalls an Bedeutung gewinnen.* HELMUT PECHLANER

Der Weiterbildungsboom selbst bietet reelle berufliche Chancen. Gesucht werden immer häufiger Trainer und Ausbilder. Vor allem Lehrer bringen als Seminarleiter für die Weiterbildung gute Voraussetzungen mit. Im Trend liegen auch spezielle Kursangebote für Frauen. Wenn sie Führungspositionen erreichen wollen, müssen Frauen selbst die Initiative ergreifen, sagen Personalberaterinnen, die die Frauenweiterbildung als Marktlücke entdeckten und spezielle Seminare für Frauen anbieten. Die Palette der Inhalte reicht von Rhetorik für weibliche Führungskräfte oder Konfliktmanagement bis zu Seminaren für Unternehmerinnen und Existenzgründerinnen. Eines haben die unterschiedlichen Kursangebote aber gemein: Die Teilnahme daran ist immer eine Art Selbstversicherung für den einzelnen Arbeitsplatz.

Neue Trends im Management

Führende Management-Institute legen derzeit vor allem Schwerpunkte auf langfristige Lehrgänge. Bei diesen arbeitet der Teilnehmer einerseits an der eigenen Situation und andererseits an der Umsetzung von Veränderungsprozessen im Unternehmen, weil es im Management eine generelle Umorientierung gibt. Einerseits hätten Manager und Unternehmer heute neben ihrer fachlichen Qualifikation die Aufgabe, dem Unternehmen vorzudenken und Veränderungen aktiv zu gestalten. Andererseits ändert sich die Rolle des Managers laufend. Die Conclusio: Es gilt einen Gleichklang zwischen diesen beiden Prozessen, dem unternehmensbezogenen und dem rollenbezogenen Denken, herzustellen.

Als Arzt muß man unermüdlich sein und seine ganze Zeit für die Medizin verwenden. Man muß immer erreichbar sein, um helfen zu können. Wenn es in der Nacht piepst, muß man bereit sein zu helfen, sonst ist man im falschen Job. Ein Diplom allein macht jedenfalls noch lange keinen guten Arzt aus. Dazu bedarf es Weiterlernens, der Aneignung von Zusatzqualifikationen und des ständigen Bemühens um Verbesserung. RUDOLF SCHABUS

Moderne Seminarprogramme tragen dieser Entwicklung Rechnung, indem verstärkt längerfristige Lehrgänge angeboten werden: So etwa Universitätslehrgänge für den Unternehmensnachwuchs, die für Unternehmensgründer und Nachfolger in Familienbetrieben gedacht sind. Oder General-Management-Seminare für Geschäftsführer und Vorstandsmitglieder. Für Manager der mittleren Ebene wiederum können Kenntnisse zum Thema Unternehmenssteuerung nützlich sein. Bei den modernen Formen des Unterrichts findet in der Regel ein ständiger Wechsel zwischen der Seminar- und Umsetzungsphase im Unternehmen statt. Die Teilnehmer werden dabei zwar von erfahrenen Trainern geleitet, das Lernen an der eigenen Situation steht aber im Vordergrund. Weitere für Manager interessante Inhalte: Seminare, in denen unternehmenssteuernde Prozesse und deren Umsetzung vermittelt werden. In Kursen zum Thema Teamarbeit wiederum geht es üblicherweise um das eigene Rollenverhalten innerhalb einer Gruppe. Als potentieller Interessent sollten Sie vor der Buchung einer Weiterbildungsveranstaltung eingehend Ihren individuellen beruflichen und sozialen Status quo unter die Lupe nehmen und sich in erster Linie für solche Kurse anmelden, die persönliche Mankos beseitigen und Ihre Stärken fördern – auf daß Sie davon möglichst viel profitieren können.

Es ist wichtig, sich bei der Wahl von Seminaren auch an jenen Kriterien zu orientieren, die größere Unternehmen von Topmanagern erwarten. Bei einer Befragung von 56 österreichischen Unternehmen aus allen wichtigen Branchen mit zusammen 61.129 Beschäftigten, die über ein eigenes Weiterbildungsbudget in der Höhe von immerhin 1,9 Millionen Schilling (255.000 DM) verfügten, haben sich einige klare Schwerpunkte herauskristallisiert. 53 Prozent Personalleiter, Vorstände und Geschäftsführer und direkte

Vorgesetzte, die über den Einsatz der Gelder entscheiden, legen Wert auf: kundenorientiertes Management, Mitarbeitermotivation und Vermittlung von Visionen, den Aufbau flexibler und lernfähiger Organisationen, Erhöhung der Produktivität, Forschung und Entwicklung, Qualitätsmanagement, Eroberung neuer Absatzmärkte, visionäre Kompetenz, Internationalisierung, Lobbying, Umweltschutzwissen, die Fähigkeit, internationale strategische Allianzen einzugehen, mit instabilen Finanzmärkten und multikulturellen Arbeitsgruppen umzugehen. Wer also bereits heute den Anforderungen der Zukunft gerecht werden will, sollte sich in puncto Weiterbildung derartigen Themen widmen.

Für bereits Etablierte sind zusätzliche Kurzlehrgänge eine gute Sache. Gute Unternehmen sollten immer auch etwas für die Weiterbildung im Betrieb tun. BRITTA STEILMANN

Checklist für Seminare

Nicht jedes Weiterbildungsinstitut und Seminar hält auch, was es verspricht. Bevor Sie unterschreiben, sollten Sie prüfen, wie seriös das jeweilige Kursoffert auch ist.

- Lesen Sie den Vertragstext genau: Werden die gesamten Kosten angegeben, inklusive Unterlagen und Gebühren? Der Vertrag sollte keine Preisgleitklauseln enthalten. Sonst können nach Vertragsabschluß die Preise willkürlich erhöht werden.
- Wird Ihnen im Vertrag ein Kündigungsrecht eingeräumt? Ideal ist ein vierteljährliches Kündigungsrecht bei einer Ausbildung und jederzeitige Kündigungsmöglichkeit bei Kursen und Einzelunterricht.
- Achten Sie darauf, daß die Lehrgänge auf einen staatlich anerkannten Abschluß, eine Prüfung vor der Handelskammer oder auf eine Verbandsprüfung vorbereiten.
- Lassen Sie sich ein detailliertes Programm mit einem ausführlichen Überblick über Inhalte und Referenten geben. Gibt es einen festen Stunden- und Lehrplan?
- Sind die Referenten qualifiziert? Lassen Sie sich Namen und beruflichen Werdegang erklären. Kommen die Trainer aus der Praxis? Wie häufig wechseln Referenten?

■ Lassen Sie sich vom Anbieter ehemalige Teilnehmer nennen. Jedes seriöse Weiterbildungsinstitut wird Ihnen Kontakte vermitteln.
Wer sich für eine lange dauernde Fortbildung entscheidet, sollte die Schulungsräume, die Ausstattung und die Lehrmaterialien jedenfalls genau prüfen.

Die Zukunft wird durch einen rasanten technischen Wandel und die daraus resultierenden Anpassungsprobleme bestimmt sein. Das, was schon seit Jahren im Büro passiert, wird sich immer mehr auch auf andere Bereiche ausdehnen. Computerisierung, Automatisierung und Energiesparkonzepte werden ebenso beherrschende betriebliche Themen sein wie die Organisationsentwicklung an sich. Auch die kleinsten Mitarbeiter werden mehr mitdenken müssen. Jeder muß in seine Karriere investieren – sowohl in Sachen Zeit, Salär, Einsatz und Ausbildung.

GÜNTHER WÖSS

Resümee: Das Wesen der Durchstarter

Ich habe nichts geplant. Ich habe mich einfach aus Interesse mit dem Kunsthandel beschäftigt. Ich habe dann Kunstgeschichte studiert, nebenbei im Dorotheum gearbeitet und danach die Österreich-Niederlassung von Sotheby's aufgemacht. Im Grunde genommen habe ich sehr naiv und spontan agiert, ohne zu wissen, wo mich das alles noch hinführen würde. AGNES HUSSLEIN

In den Gesprächen wurden die Durchstarter nicht nur zur wirtschaftlichen Entwicklung in ihrer Branche und zu den betreffenden beruflichen Aspekten befragt. Es wurden ihnen auch eine Reihe von Fragen gestellt, die darauf abzielten, zu klären, wie und nach welchen Kriterien im Geschäftsleben entschieden wird. Dabei ging es vor allem darum, herauszufiltern, ob es sich bei den Erfolgsmenschen mehr um linkshirnige – das heißt rational veranlagte – oder rechtshirnige – das heißt gefühlsorientierte – Menschen handelt. Vertrauten doch noch vor zwei, drei Jahrzehnten Manager und Unternehmer so gut wie ausschließlich auf ihren Intellekt und trafen Entscheidungen streng nach logischen Gesichtspunkten. Der Instinkt, also das, was landläufig als Gespür bezeichnet wird, wurde von der Generation der Technokraten wenn nicht verdammt, so doch zumindest scheel betrachtet.

Kein Urteil und keine Entscheidung ohne Fakten, jedoch ebenso keine Vision ohne „Bauchgefühl". Gute Visionen sind meistens ihrer Zeit voraus, so daß sie am Anfang keiner versteht.

ATTILA DOGUDAN

Mittlerweile jedoch hat sich dieses Bild gründlich geändert: Im aufgeschlossenen Wassermannzeitalter hat auch die Intuition wieder ihren Stellenwert erhalten. So gut wie alle Befragten bezie-

hen bei ihren Entscheidungen auch das Gefühl einem bestimmten Vorhaben gegenüber mit ein und handeln danach. Sowohl Karlheinz Essl, der meint, daß sowohl Gefühl als auch Logik wichtig sind, als auch Günther Wöss, der sich selbst als Bauchmensch beschreibt, der Feeling für einen wichtigen Faktor im Management hält. Mehr oder weniger sind sämtliche interviewten Manager und Managerinnen sowohl links- als auch rechtshirnige Typen. Das heißt, sie denken logisch und analytisch, sind zugleich aber auch stark emotionell veranlagt. Die Gabe der instinktiven Suggestion ist ihnen angeboren, und sie können andere für sich begeistern. Sie sind mitreißend, haben Charisma und bewahren dennoch immer den nötigen Überblick. Das ist auch mit ausschlaggebend für ihren Erfolg. Gerade sie als Menschen mit einer außergewöhnlichen beruflichen Laufbahn haben erkannt, daß sich nicht alles mit dem Verstand erklären läßt. Schon gar nicht der Erfolg. Denn dieser ist zu einem guten Teil von Glück, scheinbaren Fügungen und Zufällen abhängig.
Weshalb Durchstarter Erfolgswilligen vor allem eines mit auf den Weg geben: sich für ein Ziel zu entscheiden, an dem einem persönlich etwas liegt, und sich unbeirrbar mit voller Kraft dafür einzusetzen. Zum Beispiel Rudolf Schabus, der auf einem Bauernhof aufgewachsen ist, schon als Kleinkind mit Naturvorgängen konfrontiert und daran sehr interessiert war und sich auch in der Schule medizinisch selbst weitergebildet hat. Er hat sich dann mit Naturwissenschaften, Theologie und Philosophie beschäftigt und wollte wissen, wie der Mensch eigentlich funktioniert. Daraufhin begann er mit dem Medizinstudium, das eine derartige Faszination ausgeübt hat, daß sich alles andere automatisch daraus entwickelte.
Sie, die den Weg nach oben bereits hinter sich haben, wissen genau, wovon sie reden. Als Menschen mit Ecken und Kanten, mit einem unverwechselbaren Markenzeichen, haben sie selbst ihren eigenen Weg gefunden, der sie ans Ziel ihrer Wünsche gebracht hat. Dafür, wie sie es erreicht haben, haben sie sich bewußt entschieden, entsprechend ihrer Persönlichkeit. Was sich auch in ihrem Privatleben niedergeschlagen hat. Alle sind sich bewußt, daß dieses in einer unabdingbaren Wechselwirkung zum Beruf steht und einen wesentlichen Einfluß auf die Karriere hat.

Ich würde nichts anders machen – auch wenn ich manchmal Unerfreuliches erlebt habe. So ist meine Ehe an meiner Karriere zerbrochen. Ups und Downs sind aber normal. Wichtig ist nur, daß es einem gelingt, sich am eigenen Schopf wieder aus der Misere zu ziehen.
Ich bin sehr froh, dort angelangt zu sein, wo ich jetzt bin, obwohl ich oft schlaflose Nächte erlebt habe. Es ist schön, in einer Führungsposition zu sein. Ich treffe gerne Entscheidungen und trage gerne Verantwortung.

MARTINA PECHER

Damit erklärt sich auch von selbst, daß die Durchstarter mit dem Erreichten und dem Leben, das sie führen, mehr oder weniger ganz zufrieden sind. Kaum einer, der rückblickend etwas anders machen und sich heute für einen anderen Weg als den gegangenen entscheiden würde. Manche Details würden sie jetzt anders angehen, als sie es seinerzeit getan haben. Beispielsweise Britta Steilmann, die meint, daß man hinterher immer klüger sei und sie daher inhaltlich nichts anders machen, wohl aber mit ihrem heutigen Wissensstand manches anders arrangieren würde. Oder wie Gertraud Knoll manches nicht so nahe an sich heranlassen würde, wie sie es früher getan hat: „Das ist manchmal so weit gegangen, daß ich Schlafstörungen gekriegt habe, weil ich bestimmte Dinge nicht mehr aus dem Kopf gekriegt habe. Durch meine Kinder ist für mich vieles relativer geworden."
Im wesentlichen sehen sie es alle so: Auch Attila Dogudan hält, im nachhinein betrachtet, die Summe der Entscheidungen sicher für richtig. Er würde heute vielleicht manche Einzelheiten anders machen, doch das sei eben reine Theorie. Dinge, die passiert sind, hätten ihre spezielle Hebelwirkung und haben auf ihre Art zum Status quo beigetragen. Oder mit den Worten von Karlheinz Essl: „Man kann im nachhinein nichts anders machen, weil es einen Idealverlauf der Dinge nicht gibt – das funktioniert nicht. Auch die großen Sterne am Karrierehimmel erleben ihre Enttäuschungen, nur sieht man sie nicht."
Durchstarter bekennen sich zu ihrer Individualität und identifizieren sich voll und ganz mit ihren Aufgaben und sind letztlich deshalb auch so erfolgreich. Damit unterscheiden sie sich meist beträchtlich von ihren Vätern und Müttern, die sich vornehmlich in vorgegebenen Bahnen und häufig auch in ausgetretenen, be-

reits erprobten unternehmerischen Pfaden bewegt haben. Und mehr dem Verstand als Emotionen vertraut haben. Die Interviewpartner in diesem Buch sind somit typische Vertreter unserer Zeit und zugleich Symbol für einen geistigen Wandel im Management.

Qualität statt Masse

Ein solcher wird auch nötig sein, sollen die kommenden Jahre zufriedenstellend bewältigt werden. Der Arbeitsalltag der Zukunft wird immer schneller und komplizierter: Künftig wird es viel mehr verschiedene Berufsbilder geben. In einer Berufs- und Lebenswelt, die sich rasant verändert, werden nur noch jene bestehen, die sich fachlich auf dem laufenden halten und Probleme im Team lösen können. Im dritten Jahrtausend wird jeder ein Spezialist an seinem Arbeitsplatz sein müssen.
Ohne internationale Erfahrungen wird es dann nicht mehr gehen. Führungskräfte müssen flexibler und nicht nur in nationalen Grenzen denken. Solides Basiswissen ist für den Generalisten in Führungspositionen obligatorisch: Wer an den Schaltstellen sitzt, muß wissen, wovon er redet und worüber er entscheidet. Er muß Arbeiten an die zuständigen Experten delegieren können. Fachleute in Stabstellen, auf die sich die Generalisten in der Topetage verlassen können, werden bei den Unternehmen künftig hoch im Kurs stehen.

> *Meine Karriere hat sich vor allem zu Beginn sehr überraschend entwickelt. Ich habe ja Medizin studiert und wollte Ärztin werden, meine berufliche Laufbahn hat sich dann aber in Richtung Medien entwickelt. Sie lief erstaunlich geradlinig bergauf. Ich hatte immer Berufsphasen, die meinem Alter entsprochen haben, und ich bin mit meinem Leben voll zufrieden.* VERA RUSSWURM

Eine weitere Voraussetzung für die erfolgreiche Karriere: Nur wer seine privaten und beruflichen Ziele miteinander vereinbaren kann, besitzt die nötige Nervenstärke, Streßfähigkeit und Belastbarkeit, um mit dem steigenden Arbeitstempo problemlos Schritt zu halten. Die Experten sprechen von sozialer Kompetenz, die im-

mer wichtiger wird. Der Job muß den persönlichen Neigungen und Fähigkeiten entsprechen.
Es führt kein anderer Weg zum Erfolg. Was der Mensch tut, das tut er für sich selbst. Wenn er keinen Anreiz findet, funktioniert die Sache nicht. Karlheinz Essl: „Wenn bei der Karriere die menschliche Seite auf der Strecke bleibt, so ist diese Vorgangsweise zum Scheitern verurteilt. Leute, die für kurzfristige Erfolge über Leichen gehen, kriegen einmal selbst die Rechnung präsentiert."
Die Berufung zum Beruf ist der Schlüssel zum Erfolg. Alles andere, wie sich selbst Ziele zu setzen und sich selbst zu organisieren, daran kann jeder arbeiten. Beruf und Privatleben funktionieren nur, wenn man alles investiert, was man hat. Man braucht ohnehin einen Partner, der Verständnis für die Belastungen im Job aufbringt. Der mentale Halt, den man von zu Hause mitbringt, ist das Um und Auf ebenso wie das Wissen, daß der Partner auch dann zu einem hält, wenn man beruflich nichts schafft. Wenn der Partner in so einer Situation auch noch Erfolgsdruck macht, dann funktioniert garantiert nichts. „Ich hatte zwar auch meine Krisen, aber auch das Glück, daß sich alles wieder einrenkte. Das ist mehr wert als ein finanzielles Netz, denn das gibt ungeahnte Kräfte", bekennt etwa Attila Dogudan.

Eine wichtige Voraussetzung ist ein Partner, der akzeptiert, daß der Beruf viel Zeit kostet, und der auch als positives Ventil fungiert. So daß man sich zwischendurch immer wieder selbst finden kann, weil sonst Beruf und Privatleben nicht miteinander harmonieren. Zwischendurch ist es einfach notwendig, eine gewisse Distanz zum Berufsalltag herzustellen und sich und sein Tun zu hinterfragen. Wenn beide Teile beruflich engagiert sind, muß man sich aber letztlich zwischen Karriere und Kindern entscheiden. RUDOLF SCHABUS

Beruf und Familienleben lassen sich miteinander verbinden. Die Familie zu vernachlässigen ist jedenfalls ganz schlecht. Wenn es im Privatleben nicht klappt, ist man auch im Beruf blockiert. Karlheinz Essl: „Man muß sich einfach private und geistige Freiräume reservieren, auch um sich zu regenerieren. Wenn man immer nur Gas gibt, ist man irgendwann einmal völlig ausgebrannt und bringt nichts mehr zustande." Wieweit sich Beruf und Privatleben miteinander verbinden lassen, ist aber sehr stark, Helmut Pechlaner etwa meint gar zu 80 Prozent, vom jeweiligen Partner abhängig. Beim falschen gehe die Sache mit Garantie in die Hose, und selbst beim richtigen müsse man sich ständig fragen, was man ihm zumuten könne. Der erfolgreiche Tiergartendirektor: „Mir sind auch politische Ämter angeboten worden. Hätte ich die angenommen, dann wäre meine Ehe mit Garantie schon längst beendet. Wenn ich nur an die Karriere denke, dann brauche ich auch eigentlich keinen Partner."

Fazit: Wer zum Durchstarter werden will, sollte ein ausgeglichenes Privatleben führen, sonst gehen zuviel Kraft und Substanz verloren, und das wirkt sich dann ungebremst auf den beruflichen Erfolg aus. Britta Steilmann: „Weil man so viel arbeitet, bringt der Erfolg häufig auch Einsamkeit mit sich. Das Neidsyndrom spielt da ebenfalls mit. Exponierte Stellungen haben genausoviel Vorteile wie Nachteile." Beruflicher Erfolg und ein erfülltes Privatleben sind, das meint zumindest die Mehrheit der Interviewten, sehr schwierig miteinander zu kombinieren. Auch Elisabeth Gürtler meint: „Jedenfalls muß man sich sein Leben sehr gut organisieren, mit sich im Gleichgewicht sein und sich sagen, okay, das ist es, was ich erreichen will – auch wenn dann der große Erfolg ausbleibt."

Ich würde mehr Zeit in meine Ausbildung investieren. Ich habe 1959 eine Lehre begonnen und würde heute mehr Wert auf den schulischen Aspekt legen. Jedenfalls ist es ganz wichtig, daß man das, was man macht, auch gerne tut. Etwas nur des interessanten Jobs oder des Geldes wegen zu tun, funktioniert auf die Dauer nicht. Wenn einem etwas keinen Spaß mehr macht, dann hört man besser damit auf.

GÜNTHER WÖSS

Anhang: Die Interviewpartner im Detail

Attila Dogudan
Geburtsdatum und -ort: 27. 8. 1959, Wien
Familienstand: verheiratet, zwei Kinder
Ausbildungsweg: Matura, Sudium der Handelswissenschaften (bis kurz vor Abschluß)
Wichtigste berufliche Stationen: 1981 Gründung des Gastronomie-Unternehmens DO & CO, danach Aufbau der Restaurants und des Airline- und Formel-1-Catering-Bereiches
Derzeitiges Unternehmen: Geschäftsführer von DO & CO, 500 Mitarbeiter, 500 Millionen Schilling Umsatz
Auslandsaktivitäten: Catering weltweit, Niederlassung in Mailand, Globaler Dienstleistungsanbieter in ganz Europa
Stärken/Schwächen: Zu meinen Stärken gehört es sicher, nur in Schwarzweißdimensionen zu denken. Ich habe außerdem so viele Visionen, daß meine direkte Umgebung leicht außer Rand und Band gerät. Das ist positiv und negativ zugleich.
Erfolgsrezept: Qualität ohne Kompromisse sowie ein strenges Kostenmanagement.

Karlheinz Essl
Geburtsdatum und -ort: 16. 4. 1939, Hermagor/Kärnten
Familienstand: verheiratet, fünf Kinder
Ausbildungsweg: Handelsschule, Auslandsaufenthalte (USA, Deutschland, Schweiz)
Wichtigste berufliche Stationen: 1959 in die Fa. Schömer (Schwiegervater) Klosterneuburg, 1975 Übernahme des Unternehmens, 1990 Börsegang mit BauMax
Derzeitiges Unternehmen: Vorsitzender des Vorstandes der BauMax AG.
Firmengruppe: Schömer, Baumax, PS-markt, 10,5 Mrd. Schilling Umsatz
Auslandsaktivitäten: Ungarn,Tschechien, Slowakei, Slowenien
Stärken/Schwächen: –
Erfolgsrezept: Grundvoraussetzung für den Erfolg ist es zu wissen, was ich eigentlich will.

Michael Grabner
Geburtsdatum und -ort: 23. 8. 1948, Wien
Familienstand: verheiratet, drei Kinder
Wichtigste berufliche Stationen: Technische Mittelschule, Wirtschaftsuniversität (Ing. Mag.), Henkel Austria, Estee Lauder, Kurt Falk, Kurier, Mediaprint, Holtzbrinck
Derzeitiges Unternehmen: Geschäftsführungsmitglied der Holtzbrink Verlagsgruppe, 9.200 Mitarbeiter, 2,7 Milliarden DM Umsatz
Stärken: Ich komme gut mit Menschen aus, übernehme gerne Verantwortung und traue mich auch in schwierigen Fällen schnell zu entscheiden.
Schwächen: Ich bin zu kompromißbereit und konsensorientiert.
Erfolgsrezept: Fleiß und Kreativität. Das schnelle Erkennen von Problemen und das Finden von Lösungsansätzen ist immens wichtig – beispielsweise wenn es gilt, Pattsituationen in schwierigen Verhandlungen aufzulösen.

Elisabeth Gürtler
Geburtsdatum und -ort: 7. 5. 1950, Wien
Familienstand: geschieden, zwei Kinder
Ausbildungsweg: Matura, Studium der Handelswissenschaften
Wichtigste berufliche Stationen: ab 1973 Tätigkeit im elterlichen Handelsbetrieb sowie im Hotel Sacher, seit 1990 Geschäftsführerin des Hotels Sacher und des Hotel Österreichischer Hof, 1994 Veuve Cliquot Business Woman of the year, Vorstandsmitglied der Österreichischen Hoteliersvereinigung, Vizepräsidentin der Wirtschaftskammer Österreich
Derzeitiges Unternehmen: Hotel Sacher Eduard Sacher GmbH (Hotel Sacher Wien, Österreichischer Hof Salzburg), Geschäftsführerin, 500 Mitarbeiter
Stärken/Schwächen: Ich improvisiere gern, bin spontan, habe eine rasche Auffassungsaufgabe und kann daraus meine logischen Schlüsse ziehen. Schwach ausgeprägt sind meine administrative Ordnung und meine Teamfähigkeit.
Erfolgsgeheimnis: Meine Zähigkeit. Ausdauer ist wichtiger als Intelligenz und Ausbildung. Mit 100prozentigem Willen und Einsatz kann man sehr viel kompensieren.

Agnes Husslein
Geburtsdatum: 22. 5 1954
Familienstand: verheiratet, zwei Kinder
Ausbildung: Matura, Kunststudium und Archäologie

Berufliche Stationen: 1978–1980 Dorotheum Wien, 1980–1981 Sotheby's New York, Modern Prints Department, seit 1981 bei Sotheby's Österreich, seit 1990 Senior Direktor von Sotheby's Europa. Ebenfalls seit 1990 Director of European Developmet of the Guggenheim Museum New York

Derzeitiges Unternehmen: Sotheby's Österreich, sechs Mitarbeiter

Auslandsaktivitäten: Im Zuge des Business Developments Reisen zu Events in ganz Europa und den USA

Stärken/Schwächen: Meine Stärken sind meine Disziplin, meine Ausdauer und Konsequenz. Auch meine Spontaneität ist positiv. Meine Emotionalität ist dagegen manchmal ein Problem: Ich bin nicht sehr geduldig und kann schon mal ausrasten.

Erfolgsrezept: Disziplin, Ordnung und Verantwortungsgefühl. Es ist enorm wichtig, sich etwas zuzutrauen, Visionen zu haben und gelegentlich auch spontan zu sein.

Gertraud Knoll

Geburtsdatum und -ort: 7. 12. 1958, Linz

Familienstand/Kinder: verheiratet, zwei Töchter und fünf afghanische Pflegesöhne

Ausbildungsweg: Gymnasium, Theologiestudium

Wichtige berufliche Stationen: Universitätsassistentin

Derzeitiges Unternehmen: Evangelische Kirche Österreich, Superintendentin in der Diözese Burgenland, rund 35 Pfarrer/-innen, eine Sekretärin

Stärken: Ich habe Freude an Teamarbeit und kann gut organisieren.

Schwächen: Ich sage zu selten nein und lasse mich zu oft vom Augenblick leiten, so daß ich längerfristige Perspektiven leicht aus den Augen verliere.

Martina Pecher

Geburtsdatum und -ort: 25. 2. 1957, Wien

Ausbildungsweg: Matura, Studium an der Wirtschaftsuni Wien, postgraduate, Management-Unilehrgang.

Erste berufliche Erfahrungen in den Familienbetrieben Brauns, Voith, Inzersdorfer während des Studiums. 1980/81 Geschäftsführerin in einer Werbe- und Direkt-Marketing-Agentur. Ab 1982 Marketing bei L'Oreal.

1989 Wechsel in den Familienbetrieb Inzersdorfer und ab 1993 Übernahme der Marketingleitung.

Seit 1994 Geschäftsführerin für Marketing und Produktion

Stärken/Schwächen: Zu meinen Stärken gehört sicher meine Teamorientierung und die Fähigkeit, mich einzubringen und andere zu motivieren. Meine Schwäche ist, kein sehr harter Controller zu sein. Ich habe großes Vertrauen und hoffe, nicht enttäuscht zu werden.

Erfolgsgeheimnis: Ich versuche, konsequent gute Teamarbeit zustande zu bringen. Und meinen Mitarbeitern das Gefühl zu geben, daß sie für das Unternehmen wichtig sind und daß auf sie gehört wird. Ich halte das auch für die einzige Möglichkeit, heute ein Unternehmen halbwegs erfolgreich zu führen.

Mein Leitmotiv: Ich habe drei Schätze, die ich hege und hüte: die Liebe, die Bescheidenheit und die Demut. Denn nur der Liebende ist mutig, nur der Bescheidene ist großzügig, und nur der Demütige ist fähig zu herrschen.

Helmut Pechlaner

Geburtsdatum und -ort: 17. 8. 1946, Innsbruck

Familienstand: verheiratet, zwei Kinder

Ausbildungsweg: Gymnasium, Studium der Veterinärmedizin

1972–1979 Stv. Leiter des Innsbrucker Alpenzoos, 1979–1991 wissenschaftlicher und kaufmännischer Direktor. Seit 1992 Geschäftsführer des Tiergartens Schönbrunn.

Derzeitiges Unternehmen: Tiergarten Schönbrunn, Umsatz 70 Millionen Schilling, 100 Mitarbeiter

Auslandskontakte: Zahlreiche Kontakte zu internationalen Zoofachleuten und Naturfilmern. Vorsitzender des Mitgliederausschusses der internationalen Union von Direktoren von zoologischen Gärten (IUDZG).

Stärken/Schwächen: Positiv sind sicher meine Ausdauer, mein Fleiß und die Fähigkeit, auf andere Menschen einzugehen. Ich bin aber auch sehr sensibel und manchmal leicht beleidigt.

Erfolgsgeheimnis: Ich habe Schritt für Schritt an meiner Karriere gebaut, indem ich in meinem jeweiligen Job immer mein Bestes gegeben und stets hart und mit vollem Einsatz gearbeitet habe. Was meine Dienstgeber dann auch immer bemerkt haben.

Vera Russwurm

Geburtsdatum und -ort: 7. 11. 1959, Wien

Familienstand/Kinder: verheiratet mit Dr. Peter Hofbauer (Chef des Wiener Metropols), zwei Kinder: Yara 6, Florentina 4

Ausbildungsweg: Matura in Österreich, Matura Memorial High School, Houston, Texas, USA, Medizinstudium (promoviert)

Wichtigste berufliche Stationen: 1978 Einstieg in den ORF bei der Showserie „Tritsch Tratsch", 1979–1982: DJ und Moderator bei Ö3,

1979–1984 Präsentatorin der Jugendsendung „Okay", ab 1984: Beginn der journalistischen Tätigkeit bei der „Kronen Zeitung" (Österreichs auflagenstärkste Tageszeitung), ab 1984 Präsentation diverser Shows und Galas für ORF, ZDF und ARD, 1984–1985: Erste eigene Hauptabendshow „Hallo Fernsehen", 1987–1989: Präsentation der ORF-ZDF-Coproduktion „Was wäre wenn", 1988: Promotion zum Dr. med., 1988–1993: Präsentation des TV-Wunschkonzertes „Wurlitzer", 1989: erste Buchveröffentlichung, seit 1989: Mitglied des Rateteams der ARD-ORF-Coproduktion „Ja oder Nein", 1990–1991: Präsentatorin und Autorin der ORF-Show „Familienfest", 1993–1994: Präsentation der Streitshow „Duell", seit 1995 eigene Produktionsfirma „Hofpower", die die ORF-Hauptabendshow „Vera" herstellt.

Derzeitiges Unternehmen: TV-Produktionsfirma „Hofpower"

Auslandsaktivitäten: TV-Auftritte in Deutschland

Stärken/Schwächen: Meine Stärke ist meine Kontaktfreudigkeit. Meine Schwächen müssen andere beurteilen.

Erfolgsrezept: Eine gesunde Mischung aus Talent, Glück und Fleiß. Optimistische Lebenseinstellung und positives Denken sind unerläßlich.

Rudolf Schabus

Geburtsdatum und -ort: 11. 9. 1954, Hermagor

Familienstand: verheiratet, keine Kinder

Ausbildungsweg: Matura, Medizinstudium, Promotion 1978. Berufliche Auslandsaufenthalte in Deutschland und den USA

Wichtigste berufliche Stationen: Universitätsassistent, Oberarzt, Habilitation 1983, Universitätsdozent 1988, Teamarzt des österreichischen Tennis-Davis-Cup-Teams seit 1990, Universitätsprofessor 1996

Derzeitige Tätigkeit: Stellvertreter des Vorstandes der Universitätsklinik für Unfallchirurgie Wien (350 Mitarbeiter, Jahresbudget mehr als 200 Millionen Schilling), Leiter der Abteilung für Sporttraumatologie an der Wiener Privatklinik

Auslandsaktivitäten: Teamarzt des österreichischen Tennis-Davis-Cup-Teams, Vizepräsident der Gesellschaft für orthopädisch-traumatologische Sportmedizin im deutschsprachigen Raum, Gründungsmitglied der internationalen Gesellschaft ARTOF (Association of rational treatment of fractures)

Stärken/Schwächen: Meine größte Stärke ist sicherlich meine körperliche und geistige Leistungsfähigkeit.

Erfolgsrezept: Konsequentes Arbeiten an den beruflichen Zielen. Und unermüdliches Bemühen, besser und schneller als alle anderen zu sein. Die Devise lautet, nicht über den anderen, sondern besser als die anderen.

Britta Steilmann
Geburtsdatum und -ort: 1966, Bochum
Ausbildung: 1985 Abitur
*Wichtigste berufliche Stationen:*1986–1990: Mitarbeit im Familienunternehmen der Steilmanngruppe als Buying- und Sales manager in den USA und Canada.
1991/1992: Erste eigene Kollektionen und ökologische Großevents
1993: Entwurf und Markteinführung der umweltverträglichen Corporate Strategy und Kollektion „Britta Steilmann It's one world"
Leitung des Umwelt- und Kommunikationsressorts der Steilmanngruppe mit einem Umsatz von rund 1,34 Milliarden DM
Stärken/Schwächen: Meine Stärken und Schwächen sind ziemlich ausgewogen. Ich bin ziemlich ungeduldig, was je nach Situation manchmal gut und manchmal wiederum schlecht ist.
Erfolgsgeheimnis: Meine Devise ist es, nur Dinge zu tun, mit denen ich mich identifiziere, und mich dann voll und ganz in den Dienst dieser Sache zu stellen. Außerdem bin ich bereit, strategische Allianzen mit anderen Branchen wie etwa Chemie und Pharmaindustrie zu schließen und über den Tellerrand hinauszublicken.

Günther Wöss
Geburtsdatum und -ort: 11. 4. 1945, Badgastein
Familienstand/Kinder: verheiratet, zwei Kinder
Ausbildungsweg: Lehre, Hotelfachschule, Meisterprüfung, 15 Jahre Auslandspraxis
Wichtigste berufliche Stationen: F + B Controller und F + B Manager Hilton Hotels, Projektleiter Mövenpick, Geschäftsführer der Wigast AG
Derzeitiges Unternehmen: Vorstandsvorsitzender, 3,6 Milliarden Schilling Umsatz, 3.800 Mitarbeiter
Auslandsaktivitäten: Wienerwald Deutschland, Wienerwald Holding Schweiz, seit 1991 Geschäftsführer von Wienerwald Deutschland
Stärken/Schwächen: Positiv ist, daß ich sehr dynamisch bin und gute Führungseigenschaften als Coach habe. Eine Schwäche ist, daß ich sehr impulsiv bin, was manchmal ein Nachteil sein kann. Außerdem bin ich sehr hart zu mir und meinen Mitarbeitern. Es gibt kein Rasten, ich kann nie genug bekommen.
Erfolgsgeheimnis: Ich bin sehr kunden- sowie mitarbeiterorientiert und gehe auf die Menschen zu. Ich schaue mir immer alle Details genau an, erkenne aber auch die Zusammenhänge.

Weiterführende Literatur

Für alle, die sich mit den vorangegangenen Inhalten näher auseinandersetzen wollen, empfiehlt sich die Lektüre von Tageszeitungen und Magazinen wie „WirtschaftsBlatt", „Handelsblatt", „Spiegel", „Focus", „Stern", „DM", „trend", „profil" oder „News", die sich immer wieder mit dem Thema beschäftigen. Ebenfalls aufschlußreich sind folgende Bücher:

Diane Tracy: „Machen Sie das Beste aus Ihrem Job", Campus 1996

Dietrich Krämer: „Selbständig werden und bleiben", dtv 1996

Hans-Joachim Hofner: „Handbuch Selbständigkeit", Econ 1995

Gisa Briese-Neumann: „Das große Bewerbungsbuch", Humboldt 1996

Manfred Lucas: „Arbeitszeugnisse richtig deuten", Econ 1996

Wolfgang Manekeller: „Außergewöhnliche Bewerbungen", Langen Müller/Herbig 1996

Hans Friedrich: „Vorstellungsgespräche – sicher und erfolgreich führen", Falken 1996

Manfred Lucas: „Bewerbungsgespräche erfolgreich führen", Econ 1996

Martin Masser: „Dienstleistungsatlas/Die Boom-Jobs von morgen", Econ 1995

Gerhard H. Eggetsberger: „Charisma Training", Orac 1993

Wiebke Peest, Gregor Zacharias: „Bewerben bei internationalen Organisationen/Für Hochschulabsolventen und Quereinsteiger", Falken 1996

Michael Dainard: „So vermarkte ich mich selbst", Orac 1993

Henry Walter: „Mobbing: Kleinkrieg am Arbeitsplatz", Campus 1993

John P. Kotter: „Die neuen Spielregeln für die Karriere", Ueberreuter 1995

Jürgen Hesse, Hans Christian Schrader: „Optimale Bewerbungsunterlagen, Strategien für die Karriere", Eichborn 1996

Stanley Foster Reed: „Kollege Querulant", Haufe 1996

Joachim Leutnan (Hrsg.): „Arbeiten im Ausland", Schäffer Pöchel 1994

Bärbel Schwertfeger: „Das MBA-Handbuch", Econ

Dieter Hermann, Margaret van Oordt: „Studieren, aber wo?", Eichborn 1993

Gregor Lamberti: „Internationaler Studienführer Wirtschaftswissenschaften", Campus 1995

Axel Westerwelle: „Die besten Universitäten und Fachhochschulen für Ingenieure/Österreich, Deutschland, Schweiz", Ueberreuter 1996
Gerhard Bruns: „Der richtige Einstieg ist die halbe Karriere", Econ 1995
Harry S. Dent: „Die neuen Spielregeln im Beruf", Metropolitan 1995
Harald und Monika Mörtenkummer: „Jobs mit Pfiff", Orac 1995
Gerd Gerken: „Trends 2015", Scherz 1995
Mathias Horx: „Megatrends für die späten 90er Jahre", Econ 1995
Faith Popcorn: „Der neue Popcorn Report", Heyne 1996
John Naisbitt: „Megatrends Asien", Signum 1996
Joachim Lentes, Hans Peter Leitner: „Trendbuch Handel", Metropolitan 1996
Günter Fritz: „Die kleinen Tricks der Karriereprofis", Orac 1995

Die neuesten Erkenntnisse über die Lebensenergie: Wie man sie aktiviert, wie man sie stärkt, wie man damit das Bewußtsein erweitern kann.

GERHARD H. EGGETSBERGER

Geheime Lebensenergien

PCE – Das Trainingsprogramm für mehr Lebenskraft, Gesundheit und Spiritualität
160 Seiten, SW-Illustrationen, Format 15,5 x 22 cm, glanzfolienkaschierter Pappband.